ENTER THE KETTLEBELL!

옮긴이 정 건

BY PAVEL

ENTER THE KETTLEBELL!

BY PAVEL

2011년 7월 20일 초판 1쇄 발행
2012년 6월 15일 초판 2쇄 발행

옮긴이 | 정 건
펴낸이 | 권영두
펴낸곳 | 대성의학사
주소 | 경기도 고양시 일산동구 정발산동 1210 일산빌딩 501호
전화 | 031) 918-3444
팩스 | 031) 918-0108
출판등록 | 2009년 06월 22일(제396-2009-000082호)
홈페이지 | www.medibook.co.kr

값 25,000원
ISBN 978-89-88895-75-7 03690

Published in the United States by;
Dragon Door Publications, Inc.
This edition first published in April 2006.

Printed in the United States of America
ISBN: 978-0-938045-69-4 0-938045-69-5

Contents

Chapter 1: Enter the Kettlebell!

Chapter 2: 새로운 RKC 프로그램 미니멈

Chapter 3: RKC가 되기 위한 통과의례

Chapter 4: 사내 중의 사내가 되기 위한 단계별 가이드

Chapter 5: FAQ

48
kg

TRANSLATOR PREFACE

개척자들을 위하여

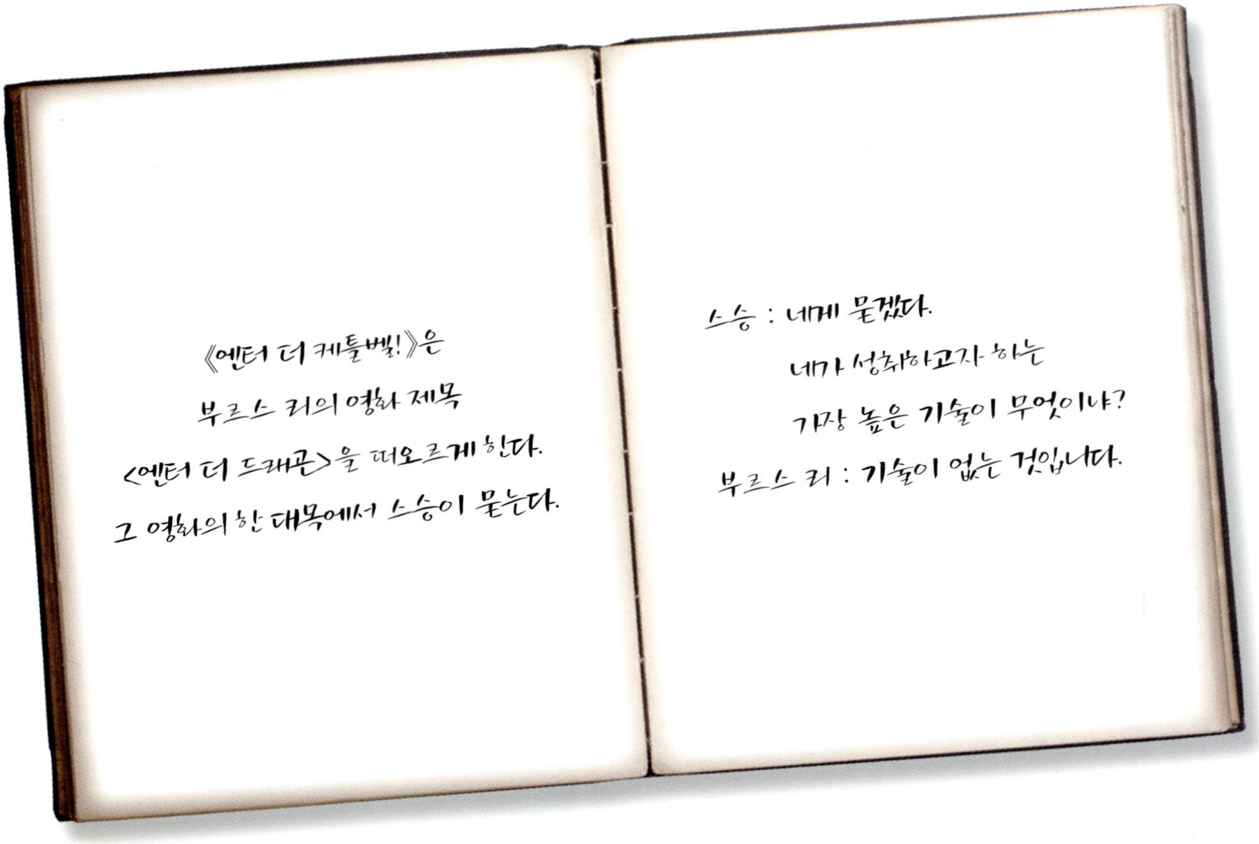

책을 읽을 때, 책을 공부할 때, 책을 번역할 때는 모두 다르다. 난생 처음으로 번역책을 내놓으려 하니 이제 알게 됐다. 예전에 내가 이 책을 공부했노라 생각했던 것은 완전히 착각이었다. 그것은 그냥 읽은 것에 지나지 않았다. 물론 지금이라도 알게 됐고 다시 제대로 공부했으니 정말 다행이다.

당신이 파벨과 RKC에 대해 전혀 모르거나 꽤 알거나 간에 이 책은 완전히 도발적일 것이다. 내가 이미 알리고자 노력해 왔지만, 과연 오리지널은 오리지널 효과가 있다(물론, 잘 읽어야 한다).

만약 미국 하버드 대학 경영대학원의 종신교수 문영미 씨가 파벨과 RKC를 알았더라면 구글, 애플, 이케아 옆에 나란히 역포지셔닝(reverse positioning) 브랜드로 분류해 놨을 것이다.

1. 거대한 흐름에 맞서 아예 다른 가치를 제시한다.
2. 고객의 기대를 박살낸다. (기대이며 선입견)
3. '더'를 추구하는 세상에서 '덜'을 추구한다.

파벨과 RKC는 마치 힘과 퍼포먼스에 있어서 장인(匠人)과 장인이 되려는 집단과 같다. 파벨과 RKC처럼 지독하게 깊이 파고 파서 생기는 이론과 실천, 그런 체육 문화가 한국에도 생기길 바라는 마음에서 이 책을 내놓는다.

번역하면서 공부를 잘했다는 느낌이 드는 것은 가장 즐거운 일이다. 게다가 혼자만의 공부로 그치지 않고 널리 알릴 수 있으니 더욱 좋은 일이다. 그러나 과정은 가시밭길이었다. 순전히 내 첫 책의 공동저자들 덕분에 이 책이 나오게 됐다. 그들의 이름이 빠지고 내 이름만 실린 것은 그저 내가 제일 오래 책상 앞에 앉아 있었기 때문이다. '미니멀리스트' 강상욱 씨는 내가 해독하지 못한 소비에트식 잉글리시의 주문들을 풀어 주었고, 전체 문체의 손질을 도와주었다. '강한 정신의 소유자' 최하란 씨는 하루종일 나를 독려하고 가끔 다그쳐서 쉬지 않고 일하게 해주었다. 두 사람이 아니었으면 나는 결코 이 책을 끝내지도 내놓지도 못했다. 두 분께 무한한 감사를 바친다.

책에 달아 놓은 역주로 설명이 부족하거나 질문이 있거나, 속 시원히 동작을 보고 싶을 때는 스쿨오브무브먼트의 홈페이지(www.schoolofmovement.org)를 이용하면 된다. Q&A, 동영상 강의, 각종 칼럼, 수업과 워크샵 소식 등이 있다. RKC 지도자가 되고 싶다면, 물론 직접 와야 한다.

마지막으로, 이 책을 기꺼이 출판해 준 대성의학사 권영두 대표님께 정말 감사드린다. 앞으로 더 감사드릴 일이 많을 듯하다. 스쿨오브무브먼트 RKC 임규태 선생님, 김세정 선생님, 배정아 선생님, 공혜경 선생님, RKC 하드스타일 케틀벨 수업에 함께하는 학생 여러분, SOM 커뮤니티에도 감사드린다.

현대 인류가 앉은뱅이 삶(sedentary life) 속에서 앓고 있는 씨팅 디지즈(sitting diseases)를 뼈저리게 체험하고 있는 연속 30여 일의 마지막 날, 스쿨오브무브먼트 연구실에서

옮긴이 정 건

옮긴이 정 건

스쿨오브무브먼트 대표, CVO
베어풋케틀벨 대표
미국 Dragon door 한국 디스트리뷰터
아시아 유일 RKC 지도자 과정 (2011.11) 개최자
국내 최초 RKC level 2 인스트럭터
국내 유일 CICS (인디언클럽 전문가)
국내 최초 케틀벨 저서 《케틀벨 퀵 리절트》 저자
월간 《멘즈 헬스》 RKC 칼럼니스트

FOREWORD BY DAN JOHN

"이걸 해라!"

파벨 차졸린(Pavel Tsatsouline)을 처음 만나고, 단 몇 분 사이에 일어난 일이었다. 내가 앞뒤로 다리를 찢고 있을 때, 파벨이 엉덩이를 탁 치면서 그 세기만큼 엉덩이를 조이라고 말했다. 내 힙굴근은 너무 뻣뻣했고, 파벨은 최선을 다해 교정하려고 했다. 그 첫 만남에서 나는 유연해진 힙, 내년도 리프팅을 위한 계획, 그리고 가장 중요한 것은 파벨 차졸린에 대한 엄청난 존경심을 갖고 헤어졌다. 파벨을 만나고, 나는 인터넷에 있는 그의 글들을 말 그대로 수백 번 읽었고 그의 모든 책(비록 내 선생님으로서는 '교과서들'이 더 정확해 보였지만)을 읽고, 그의 모든 DVD시리즈를 봤다. 그의 작품을 논할 때는 언제든지 내 머릿속에는 단 한 가지 개념밖에 안 떠오르는데, 바로 "이걸 해라!"다.

체력, 건강, 수명, 스포츠에 있어 가장 대단한 도전은 너무나 많은 다양함과 다양함이 전혀 없는 것 사이의 좁은 평균대 위를 걷는 것이다. 그러니까 나는 추수감사절 저녁을 좋아하지만 매일 그렇게 먹을 수는 없다. 어느 날, 어떤 사람이 단 한 가지 슈퍼푸드만 먹는 완벽한 다이어트법을 찾아낼 수도 있을 것이다. 하지만 과연 많은 사람들이(디저트의 섬에 살면 몰라도) 오랫동안 이 식이요법을 따를지 의문이다. 그렇지만 파벨 차졸린은 《파워 투 더 피플 *Power to the People!*》에서 완벽하게 이런 일을 해냈다!

《파워 투 더 피플!》에는 완벽한 프로그램의 모든 특징이 들어 있다.

그러니 "이걸 해라!"—데드리프트와 사이드 프레스.*

파벨은 나중을 위해 더 다양한 것들도 제시하고 있다. 하지만 솔직히 앞의 단 두 가지 리프팅으로도 성공적인 결과를 얻을 수 있다. 나는 이에 대한 확실한 근거가 있다. 나는 세계 랭킹에 오른 트랙&필드 던지기 선수들과 바에서 술 몇 잔을 마시며 얘기를 나눴는데, 그들은 현재 바로! 그 워크아웃을 하고 있었다.

그래서 당신은 아마도 이렇게 물을 것이다. 왜 다른 케틀벨 책이 필요한가? (《파워 투 더 피플!》이 있는데) 도대체 어떤 미친 열혈 헬스광들이 《엔터 더 케틀벨!》을 요구하는가? 혹시 이걸 아는가? 그들은 어디에나 있다! 《엔터 더 케틀벨!》의 서두에서 파벨이 제이. 엠. 마틴(J.M. Martin)의 글을 인용했다. "《파워 투 더 피플!》의 훈련은 어떻게 해야 하는지 잘 알고 잘 해냈습니다. 그 책은 정말 이해하기 쉽고 효과가 있습니다. 결국 굉장한 결과를 얻었습니다. 그런데 이제 케틀벨을 샀으니, 확실하게 따를 만한 훈련 세트를 만들고 싶습니다." 마틴은 내가 케틀벨 열광 부대들에게 들은 이야기를 반복했다. "뭘 어떻게 해야 할까요? 책, 비디오, DVD, 아티클……을 봤고, 워크샵, 세미나에 참가했습니다. 이제 '무엇'을 언제 어떻게 해야 하나요?"

《엔터 더 케틀벨!》이다.

개인적으로 내겐 RKC 프로그램 미니멈이면 충분했다.

* 바벨을 한 손으로 들고 하는 사이드 프레스.

"자, 이걸 해보자. '이걸 해라(DO THIS)'!"

이 문장이 처음 몇 장에 대한 부제가 될 수 있겠다. 두 개의 운동이다. 각 운동을 일주일에 두 번 한다. 밀고 당기기다(풀 운동과 프레스 운동). (오! 그래요. 바로 파워 투더 피플이네요, 배트맨!*)

케틀벨 이용자의 대다수는 이걸 하면 된다. 제시하는 계획대로.

그럼에도 불구하고, 파벨은 더 많은 것을 내놓는다. '통과의례' 장에서는 말 그대로 케틀벨 운동의 사다리를 올라가는 단계적 접근법을 제시한다. 게다가 '다양함의 위험성과 그것을 피하는 방법' 부분에는 지식의 한 세기가 단 몇 페이지에 압축돼 있다. 만약 당신이 '올드 스쿨(old school)' 접근법을 좋아한다면, 케틀벨의 관점에서 나온 고전적인 트레이닝을 두 눈 똑바로 뜨고 보라.

분명히 이 책이 종점은 아니다. 파벨이 말했다.

"나는 내 트레이닝 시스템을 갈고닦는 걸 멈춘 적이 없다. 그래서 당신은 《더 러시안 케틀벨 챌린지》와 《엔터 더 케틀벨!》 사이에서 몇몇 일치하지 않는 점을 발견하게 될 것이다. 더 뒤에 나온 책이 우선권이 있다. 우리 RKC는 결코 쉬지 않는다."

끝으로, 당신에게 해줄 간단한 조언이 있다.

이걸 해라.

단 존(*Dan John*)은 전형적인 코치다. 그는 풀브라이트 장학금으로 이집트에서 유학했으며, 역사와 종교 교육에서 석사 이상의 학위를 받았다. 그는 기생충과 세관원을 상대해 가며, 그가 배운 모든 끔찍한 억양의 외국어를 써가며 세계를 여행했다(억양이 너무 끔찍해서, 터키어와 히브리어를 쓰는 사람들은 그에게 자기들의 말을 그만 좀 하라고 요청했다).

종교학 교수일을 하지 않을 때 단 존은 유타 주 드래퍼에 있는 후안 디에고 카톨릭 고등학교에서 전임 스트렝쓰 코치이자 트랙&필드의 헤드 코치로 일한다. 단 존은 원반, 올림픽 리프팅, 하이랜드 게임과 웨이트 5종 경기 전국 선수권과 주 선수권을 모두 갖고 있다.

단 존은 두 장의 DVD, 스트렝쓰와 컨디셔닝을 위해 사물을 나르고 끌고 당기는 것에 관한 DVD 〈캐리드 어웨이 *Carried Away*〉와 올드 스쿨 방식으로 빠르고 정확하게 웨이트리프팅의 기초를 가르치는 〈프롬 더 그라운드 업 *From the Ground Up*〉을 만들었다.

두 DVD는 www.crossfitnorcal.com/catalog/index.php.에서 구입할 수 있다. 단 존은 또 리프팅과 던지기를 위한 '세계적으로 가장 큰' 무료 웹사이트 www.danjohn.net.org/coach를 운영하고 있다.**

* 배트맨의 조력자 로빈의 말버릇. "holy 어쩌고, 배트맨"

** 현재 두 사이트는 사라졌으며, www.danjohn.net에서 그의 글과 책 DVD를 만날 수 있다.

PREFACE

왼발을 앞으로 내밀고 격발!

영화 〈발디미르의 선택(Moscow on the Hudson)〉에서 로빈 윌리엄스가 맡았던 러시아 망명자 역할을 기억하는가? 영화에서 이 망명자는 뉴욕시티에서 커피를 사려고 슈퍼마켓에 갔다가 너무나 다양한 종류의 커피들을 보고는 거의 정신을 잃을 뻔했다. 구소련에서 커피를 구입할 때는 딱 두 가지 상황밖에는 없었던 것이다. '커피가 있' 거나 '커피가 떨어졌' 거나.

케틀벨 운동과 적용 방법도 놀라울 만큼 다양하기 때문에, 케틀벨을 처음 접하는 사람들은 아마 이 망명자와 같은 혼란을 느낄 것이다. 그래서 나는 그런 혼란을 종식시키고자 〈더 러시안 케틀벨 첼린지〉의 프리스타일 트레이닝 프로그램으로 케틀벨을 선택하는 독재를 처음으로 시도했다. 그 훈련 방법들은 나의 여러 DVD들에 소개됐던 훈련들 혹은 내 수석 지도자들과 함께 만들어 낸 훈련들에서부터 이어져 내려온 것들이다.

우리 포럼에 올라온 '혼란스러운 케틀벨' 이란 게시글에서 제이. 엠. 마틴 동지가 도움을 요청했다. "누가 좀 도와 주십시오. 케틀벨에 대해 다 찾아 읽었지만, 운동 프로그램을 어떻게 만들지 정말 모르겠습니다. 〈파워 투 더 피플!〉의 훈련은 어떻게 해야 하는지 잘 알고 잘 해냈습니다. 뭘 해야 하는지 명확히 알 수 있었으니까요. 그 책은 정말 이해하기 쉽고 효과가 좋았습니다. 결국 굉장한 결과를 얻었습니다. 이제 케틀벨을 샀으니, 믿고 따를 만한 훈련 방법을 알고 싶습니다."

《엔터 더 케틀벨!》은 극도로 효율적인 《파워 투 더 피플!》의 케틀벨 버전이다. 이 책을 통해 그야말로 '믿고 따를 수 있는' 방법을 제시하겠다.

자, 이제 왼발을 앞으로 내밀고 격발하겠다!

러시안 케틀벨이 당신에게 파워를!

파벨

48
kg

INTRODUCTION

우리가 '힘'을 말할 때, 그것은 곧 '케틀벨'을 의미한다. 우리가 '케틀벨'을 말할 때, 그것은 곧 '힘'을 의미한다.

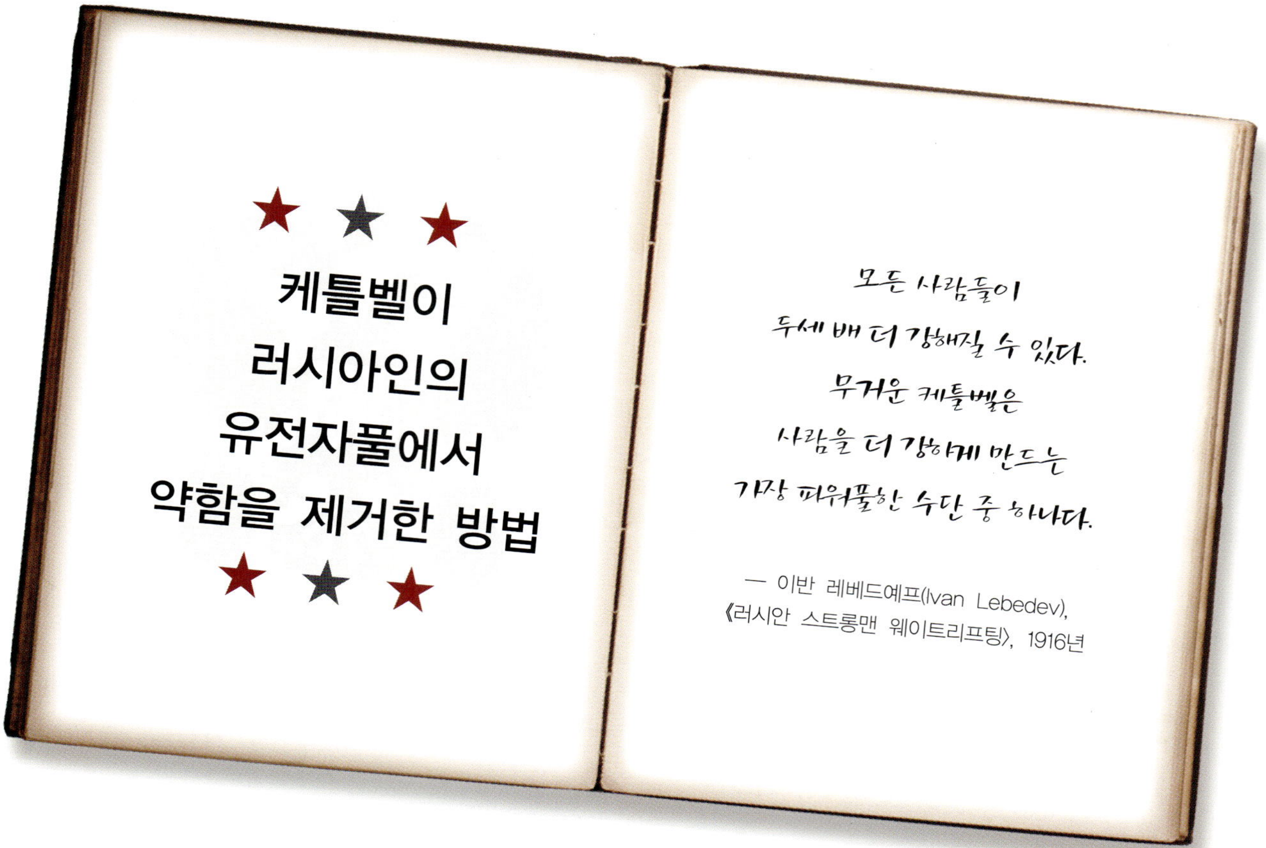

만약 찰스 아틀라스(Charles Atlas)가 러시아인이었다면, 전혀 다른 얘기를 했을 것이다.

세르게이 미신(Sergey Mishin)은 뚱뚱하고, 둔하고, 분명히 선수답지 않은 소년이었다. 그는 17세 때 처음으로 24kg짜리 케틀벨을 잡았는데, 어느 팔로도 들 수 없어서 낙담했다. 그러나 쇠약한 체력에도 단념하지 않았던 미신은 가운데를 납작하게 두드려 편 배관 파이프를 구했는데, 그것으로 케틀벨 핸들을 고정시켜 양손으로 잡고 마치 바벨처럼 케틀벨로 저크 동작을 하기 시작했다. 그때가 1975년이었다. 그리고 2년 후 철도 노동자의 날(Railroad Worker Day) 축제가 끝난 공원에서 버려진 32kg 케틀벨로 프레스 할 기회가 있었는데, 한쪽 팔당 30회씩이나 반복했다.

미신은 군대에서도 케틀벨 운동을 지속했고, 제대 후에 한 친구에게 자신이 출전하는 제1회 케틀벨 리프팅 대회에서 마스터 오브 스포츠 국내 랭킹에 들겠다고 장담했다. 그리고 진짜로 해냈다!

№ 17—18 III годъ изданія 30 октября 1915

ГЕРКУЛЕСЪ

Рис. И. Г. Мясоѣдова

Цѣна 10 коп., на станціяхъ 12 к.

Слѣдующій № 19 выйдетъ 15 ноября.

Съ этого № въ „Геркулесѣ" помѣщается особый „Цирковой отдѣлъ", по образцу заграничныхъ артистическихъ журналовъ.

Со слѣдующаго № „Геркулесъ", ввиду вздорожанія бумаги, будетъ продаваться по 15 коп., а на станц. жел. дор. по 20 коп.

제정 러시아 시대의 근력 잡지 《헤라클레스(Hercules)》 1915년호 표지.

세르게이 미신은 약 45kg 이상 감량에 성공했다. 날씬해졌고 빨라졌다. 10분 동안 32kg 케틀벨 2개로 저크 170회를 하게 됐다. 마침내 세계 최고의 케틀벨 리프터가 됐다. 러시아 스포츠의 전설이 된 것이다. 러시아 대통령은 미신에게 '조국의 이익에 기여한 업적'으로 훈장(등급II)을 수여했다.

러시아에서 케틀벨은 국가적 자부심과 힘의 상징이다. 옛날에는 러시아에서 스트롱맨이나 웨이트리프터라면 누구나 기르빅(girevik)* 또는 '케틀벨 맨(kettlebell man)'으로 불렸다. 러시아인들은 대대손손 케틀벨로 단련해 소년에서 남자로 거듭났다. 미신보다 약 100년 전에 또 한 명의 소년, 표트르 크릴로프(Pyotr Kryloff)는 정육점에서 케틀벨을 발견하고는 한눈에 반해 버렸다. 그 이후로 한 번도 케틀벨과 떨어져 지낸 적이 없었다. 선원이 됐을 때도 케틀벨과 함께 전 세계를 돌아다녔다. 결국 이 케틀벨 광신도는 서커스에서 공연하는 스트롱맨이 됐다. 그리고 60세까지 계속 공연했다. 대중은 그를 '케틀벨의 왕'이라고 칭했다. 크릴로프는 러시아 정교회 예배 때 32kg 케틀벨을 가지고 가슴에 십자표시 성호를 그었다. 32kg 케틀벨을 한 팔로 밀리터리 프레스 88회를 했다. 심지어는 한 번에 3개의 케틀벨로 저글링을 했다! 크릴로프는 케틀벨로 단련한 파워로 온갖 묘기를 부렸다. 주먹으로 돌을 깨고, 동전을 구부리고, 철근으로 넥타이나 팔찌를 만들고, 말굽 편자를 부러뜨렸다. 또한 속이 빈 구면체 안에 2명의 건장한 군인이 들어가 앉게 해 바벨처럼 저크를 했고, 몇 차례의 웨이트리프팅 세계 기록까지 세웠다.

'케틀벨의 제왕' 표트르 크릴로프는 러시아 정교회 예배 때 32kg 케틀벨로 가슴에 십자를 그었고, 한 팔로 밀리터리 프레스를 88회 했으며, 심지어는 한 번에 3개의 케틀벨로 저글링을 했다.

* 러시아어로 케틀벨 리프터를 뜻한다.

'헤비 애슬레틱스(heavy athletics)'의 세계에 입문하라.

웨이트리프팅 마스터스 월드챔피언인 엘. 드보르킨(L. Dvorkin) 교수가 "케틀벨 스포츠의 열광적인 추종자들 덕분에 러시아 웨이트리프팅이 탄생하고 발달했다고 해도 과언이 아니다"라고 말했다. 게다가 케틀벨의 아버지로 불리는 블라디슬라브 크라예브스키(Vladislav Krayevskiy)는 '헤비 애슬레틱스(tyazholaya atletika)'라는 용어를 만들어 냈는데, 이것은 오늘날 러시아에서 올림픽 역도를 일컫는 명칭이 됐다.

케틀벨의 아버지
클라예브스키 박사
(Dr. Krayevskiy)

구소련의 군대(Red Army)와 케틀벨은 불가분의 관계다. 러시아 군대에는 '용기의 코너(courage corner)'라는 체육관이 있다. 이 체육관들마다 반드시 케틀벨이 있다. 다른 국가들이 팔굽혀펴기로 군인들을 테스트하느라 시간을 낭비할 때, 러시아에서는 24kg 케틀벨로 스내치 횟수를 테스트한다. "러시아 군대의 병사들은 육체적인 측면에서 정말 굉장했다"고 제2차 세계대전 당시 구소련에 대한 영국 군사작전의 수장이었던 기파르트 마르텔(Giffard Martel) 중장이 경탄했다. "우리가 대체로 보병이 딸린 차량에 싣고 옮기는 장비들을 러시아군은 등에 짊어졌다. 그들은 유별나게 터프하다."

러시아에서는 법 집행기관 작전팀—심지어 러시아의 국세청 공무원조차 계산기보다 총기를 다루는 데 더 능숙했다.—에서도 힘 훈련 도구로 케틀벨을 사용했다. 소련 제국의 마지막 날 교도소에서 폭동과 인질극이 난무했다. 내무성 군대가 폭동을 진압하기 위해 소집됐다. 이 군대는 임무는 완료했지만 수완이 부족했다. 예를 들면 1986년 폭동을 무자비하게 진압하는 과정에서 수용소에 포화를 퍼부어 잿더미로 만들어 버렸다.

1991년에는 내무성에서 모든 행정적 교도소 구역을 담당할 특수작전팀을 구성했다. 임무는 인질 구출, 폭동 진압, 탈주한 범죄자 수색과 체포였다. 구소련이 붕괴되던 해에 이러한 작전팀(TAC team)은 난폭한 러시아 교도소와 체첸 교도소의 여러 상황에 투입됐다.

러시아의 연방 교도소 SWAT(기동타격대)팀은 특수부대, 낙하산 부대, 엘리트 부대의 예비역들로 구성된다. 팀원은 1인당 9명 이상의 경쟁자들을 제치고 선발된다. 선발과정은 러시아 특수부대 스페츠나츠(Spetsnaz)와 비슷하다. 완전군장 10km 행군, 장애물 코스와 라펠링(rappelling), 다시 10km 달리기까지 모두 연속해서 실시하고 마지막에는 12분 동안 풀 컨택(full contact) 스파링을 한다. 스파링 상대는 이 테스트에 참가하지 않은, 아주 컨디션 좋은 특수부대원들이다. 심지어 3분마다 새로운 상대로 교체된다. 러시아에서 자주 열리는 법 집행기관 스포츠 이벤트에서는 이런 동료요원들끼리도 공격적으로 경쟁하게 된다. 이런 자들의 전문 분야가 맨손격투와 케틀벨 스포츠다. 전문성과 자부심이 걸린 일이다.

재소자들에게 근력훈련을 고무하는 정부(러시아든 미국이든)의 논리를 이해하기 어렵겠지만, 러시아의 재소자들은 실제로 케틀벨 리프팅을 잘한다. 만약 여러분이 히스토리 채널(History Channel)의 다큐멘터리 중에서 러시아의 조직범죄에 대한 흑백 영상을 보게 된다면 강단 있게 마른 재소자들이 케틀벨 스윙, 플립, 사이드프레스를 하는 모습을 확인할 수 있을 것이다. 심지어 러시아 교도소에서는 재소자들의 케틀벨 대회가 열린다. 참 희한한 일이다. 러시아의 법 집행기관은 도전을 즐기는 것 같다.

왜 소련의 과학자들은 케틀벨을 최고라고 하는가?

20세기 러시아 과학자들은 러시아의 강인한 남성들이 수세기 동안 알고 있던 간단한 사실을 확실하게 입증해 보였다. 즉, 케틀벨 리프팅이 모든 신체 발달 수단 가운데 가장 효과적인 방법 중 하나라는 것이다.

보로파요프(Voropaye, 1983)은 몇 년 동안 대학생 두 그룹을 실험 대상으로 관찰했다. 두 그룹의 수행능력은 군대의 표준적인 PT(physical training) 테스트인 턱걸이, 수직점프, 100m 달리기, 1km 달리기로 측정했다. 대조군은 일반적인 대학생 PT 프로그램을 훈련시켰다. 이것은 군대식이고 위의 운동들에 중점을 둔 프로그램이었다. 그러나 실험군은 오로지 케틀벨 리프팅만 훈련시켰다. 결과는 PT 테스트 종목에 대한 연습이 부족했음에도 불구하고 케틀벨 리프팅 훈련 그룹의 모든 피실험자들이 더 높은 점수를 기록했다!

보로파요프와 루키야노프(Lukyanov, 1986)는 3가지 파워리프팅으로 측정되는 근력, 턱걸이와 평행봉 딥으로 측정되는 악력과 근지구력, 1km 달리기로 측정되는 전반적인 지구력, 특수 테스트로 측정되는 작업 능력과 밸런스 등의 항목으로 구성된 다양한 범위의 다른 테스트의 결과와 케틀벨 리프팅 대회의 결과 사이에 상관관계가 매우 높음을 발견했다.

로파틴(Lopatin, 2000)은 군인의 케틀벨 스포츠 랭킹과 이들의 장애물 코스 수행능력 사이에는 긍정적인 상관관계가 있음을 발견했다.

케틀벨은 협응능력(coordination)과 민첩성(agility)을 향상시킨다(루치킨 Luchkin, 1947; 라푸틴 Laputin, 1973).

케틀벨은 전문적인 응용기술과 신체준비 상태(general physical preparedness)를 발달시킨다(지코프 Zikov, 1986; 그리반 Griban, 1990).

케틀벨은 근력 향상에 매우 효과적이다.

국방부가 펴낸 소련군 공식 근력훈련 매뉴얼(부르코프 & 니키츄크 Burkov & Nikityuk, 1985)에는 '근력 향상 수단 가운데 가장 효과적인 방법 중 하나'로 케틀벨 훈련을 제시했다. 이것은 케틀벨이 '인류의 근력 잠재력을 발달시키는 데 한 획을 그었다'는 의미다.

케틀벨 리프팅은 심장에도 아주 유익하다.

시베리아 과학자 셰브초바(Shevtsova, 1993)은 러시아의 기르빅에 관한 분명한 사실을 증명했다. 그녀는 케틀벨 훈련을 3~5년 동안 한 75명의 러시아 기르빅을 대상으로 조사했는데, 심박수와 혈압이 장시간에 걸쳐 감소했다. 러시아에서 '우주비행사의 혈압(cosmonaut's blood pressure)'이라고 일컫는 것과 같은 수치였다. 여름에 110/70, 겨울에 114/74를 나타냈으며 평균 심박수가 분당 56회였다. 이 심박수는 안정 시뿐만 아니라 운동 중일 때와 운동 후에도 급상승하지 않았다. 그 외에도 숙련된 기르빅들의 인체시스템은 다음 행동에 대처하고 준비하는 능력이 탁월한 것으로 나왔다.

케틀벨을 적절하게 사용한다면 매우 안전하다.

러시아의 최상급 기르빅들인 러시아 국가대표팀과 지역대표팀 선수들 중에서 훈련 또는 경기에서 부상이 보고된 경우는 겨우 8.8%에 불과하다(보로파요프, 1997). 이것은 상당히 낮은 수치다. 특히 혹독하리만큼 열정적으로 훈련하는 엘리트급 선수들이란 점을 고려한다면 더욱 놀랍다.

케틀벨 훈련은 체성분(body composition)을 향상시킨다.

러시아의 최상급 케틀벨 리프터들을 연구한 보로파요프는 케틀벨 훈련을 시작한 사람 중 21.2%가 체중이 증가했으며, 역시 21.2%(오타가 아니라 정확히 동일한 수치다.)는 주로 헤비급 선수들의 경우, 체중이 감소했다고 밝혔다. 엘리트급 케틀벨 훈련자들을 조사한 또 다른 연구에서는 체지방 수치가 항상 낮게 나왔다(고모노프 Gomonov, 1998).

"케틀벨 훈련자는 모든 장기와 근육 발달이 균형을 이루며 특히, 견갑대(shoulder girdle) 근육이 상당히 비대해지는 것이 특징이다(라쓰카조프 Rasskazov, 1993)."

기르빅(전설적인 스트롱맨 유진 샌도우 Eugene Sandow, 사진 참조)은 모든 장기와 근육 발달이 균형을 이루며 특히 견갑대(shoulder girdle) 근육이 인상적으로 비대해지는 것이 특징이다.–(라쓰카조프 Rasskazov, 1993)

48
kg

러시안 케틀벨의 미국 침공 연대기

다들 그걸 곧세 하게 될 것이다.
나는 그 유행에 조금 앞서 있을 뿐이다.

— 레지 샌더스(Reggie Sanders),
세인트 루이스 카디널스(St. Louis Cardinals)의
외야수, 《온 케틀벨즈》에서

옛날 미국 아이언 맨들은 케틀벨의 가치에 대해 잘 알았다. 당신은 역사상 가장 위대한 데드리프터 중 한 명인 테네시의 농부 밥 피플즈(Bob Peoples)의 트레이닝 던전(dungeon)에서도 케틀벨 한 쌍을 찾아볼 수 있다. 그는 스테로이드와 서포팅 기어*가 생기기 전 체중 80kg으로 317kg 이상을 들었다. 지그 클레인(Sig Klein)도 케틀벨의 큰 지지자였다. 나는 70대 노인('한 번 리프터는 영원한 리프터!' 그는 여전히 184kg 굿 모닝을 한다)에게서 1917년산 골동품 미국 케틀벨 한 쌍(웨버 그릴의 미니어쳐 같았다)**을 산 적도 있다.

이후 미국은 번영을 이뤘고 강인했던 과거의 개척자들을 잊었다. 케틀벨은 캘리포니아에 금을 찾으러 온 사람들과 옛날 서부 총잡이들 같은 운명이 돼가고 있었다. 하지만 케틀벨은 미국 파워리프팅 팀 전직 코치인 내 친구 마티 갤러거(Marty Gallagher) 덕분에 남성적인 미국 역사의 한 장으로 남을 수 있게 됐다.

마티와 나는 동부 해안에 자리한 그의 집 뒤뜰에서 스테이크 식사를 즐겼다. 우리는 메노나이트***에서 생산한 쇠고기를 한 입 물고는 옛날 전쟁에 대한 이야기를 주고받았다. 마티는 에드 코언(Ed Coan), 커크 카르워스키(Kirk Karwoski)와 그가 지도한 다른 챔피언들에 대한 이야기를 해줬다. 그리고 나는 그에게 케틀벨에 대해 말해 줬다.

* 파워리프팅을 할 때 기록을 올려 주는 특수 옷과 보조도구들.
** 둥근 모양의 뚜껑 있는 바비큐 그릴.
*** 16세기 종교 개혁기에 등장한 개신교 종파로 평화, 정의, 단순한 삶, 공동체, 봉사와 섬김, 상호 원조를 강조한다.

갤러거가 생각에 잠겨 스테이크를 다 씹고 나서는 "밀로(MILO)*에 기사를 쓰는 게 어떻겠어?"라고 제안했다. 당신도 알다시피, 《밀로》는 못을 구부리거나 바위를 들어올리는 미친 남자들의 잡지다.

나는 이렇게 말했다. "마티, 자네는 잘 몰라. 이건 자네가 상상하는 운동 중 가장 고통스러운 운동일 거야. 누가 그걸 하고 싶겠나? 누가 그걸 읽겠나?" 나는 일전에 러시아의 오점인 '집단 농장'을 마티에게 설명해 주는 실수를 저질렀는데, 그는 그것을 적용해서 내게 말했다. 내가 미국인들을 이해하지 못하고 있다고.

체제 전복적인 기사 〈보드카, 피클 주스, 케틀벨 리프팅 그리고 다른 러시안 오락거리들 Vodka, Pickle Juice, Kettlebell Lifting, and Other Russian Pastimes〉이 1998년 《밀로》지에 실렸다. 스트렝쓰 세계에서 가장 무자비한 비평가들이 이 기사에 대해서 아주 좋은 평가를 했다. 그 후로 나는 코가 주저앉고, 귀가 말리고, 흉터가 있거나 적어도 폭주족 문신을 한 남자들에게서 편지를 받기 시작했다. 나는 내 친구이자 편집자인 존 두 케인(John Du Cane)**에게 이 사실을 말했다. 그는 잠시 생각하더니 말했다. "한번 해보세. 나는 케틀벨을 만들 테니, 자네는 사용법을 가르치게."

존의 과묵한 캠브리지 스타일 매너 뒤에는 아메리카 개척자의 심장이 뛰고 있다. 아프리카에서 유년기를 보낸 영국인 존은 영국을 떠나 파키스탄과 아프가니스탄을 거쳐 인도로 갔다. 인도에서는 요가 커뮤니티에서 몇 년 동안 살기도 했다. 그는 미국에 출판사를 차렸지만, 야간에 리무진 기사를 해 수입과 지출을 맞춰야 했다. 신출내기 드래곤 도어 출판사는 전력투구해야 했고, 존은 잠자는 데 시간을 낭비할 수 없었다. 존은 고객을 기다리는 동안 리무진 안에서 쪽잠을 잤고 나머지 시간 내내 아메리칸 드림을 구축하고 있었다.

새로운 기회가 주어지자 이 용감하고 자립적인 남자는 그가 출판업자로서 힘든 시기를 버텨내며 이룩했던 모든 것을 걸고서 케틀벨을 생산하고 판매하는데 투자하기로 결정했다. 사람들은 늘 시간이 지나고 나서야 뭐가 옳았는지 알아보게 된다. 지금은 누가 봐도 케틀벨은 성공했다. 그러나 당시에는 그렇지 않았다. "손잡이가 달린 포탄? 미친 거 아냐?!"

2001년은 케틀벨의 해였다. 드래곤 도어는 《더 러시안 케틀벨 챌린지 The Russian Kettlebell Challenge》를 출판했고 첫 미국산 러시아 스타일 주철 케틀벨을 생산했다. RKC는 아메리카 땅에서 태어난 첫 번째 케틀벨 지도자 과정을 2001년에 시작했다. 애초에 그 무시무시함으로 유명세를 떨쳤던 케틀벨 때문인지, 대부분의 초기 참가자들은 연방 정부의 증인 보호 프로그램에서 나온 사람들 같았다.*** 사람들은 스티브 맥스웰(Steve Maxwell)과 내가 형제냐고 자주 물었다. 스티브, 당신을 무척 좋아하지만 내 생각엔 그것은 우리 둘 중 누구에게도 칭찬이 아닌 것 같다.

---

* 밀로 : 진정한 스트렝쓰 선수를 위한 저널(MILO : A Journal For Serious Strength Athletes)는 아이언마인드에서 출간한 스트렝쓰 스포츠 분야의 계간지로 1993년 4월부터 꾸준히 발행되고 있다. 저널은 올림픽 역도, 스트롱맨 대회, 하이랜드 게임, 파워리프팅, 일반적인 웨이트리프팅, 피트니스, 팔씨름, 그립 스트렝쓰, 스톤과 스톤리프팅, 그 비슷한 주제들에 대해 다룬다.

** 존 두 케인은 아프리카에서 태어나 영국 캠브리지 대학을 나왔다. 영국에서 35편의 영화를 감독했다.—후에 파벨의 DVD 시리즈도 감독했다. 인도에서 위빠사나(vipassana) 명상과 요가를 수련했고 후에 정착한 곳이 미국 미네소타다. 1975년부터 태극권(Thai Chi)을 수련했고 이후에 태극권을 보급한 미국인 중의 1명이다. 쿵후도장을 열기도 했던 그는 태극권을 보급하는 책과 DVD를 만드는 작은 출판사 드래곤 도어(Dragon door)를 창업했다. 현재 교육단체 RKC의 책, 장비, 세미나, 워크샵을 출판사 드래곤 도어가 생산하고 주관한다. 존 두 케인은 36년 동안 양가 태극권을 수련했고 파벨을 만나기 전에도 이미 반평생 동안 동양의 수련체계를 좇아온 사람이었다. 그러나 파벨이 놀랍도록 과학적인 언어로 동양 무술의 체계를 설명하는 데 깜짝 놀랐고 의기투합해서 98년부터 지금껏 함께 활동하고 있다.

*** 증언을 하는 대신 신분세탁을 받은 전직 마피아들 같다는 뜻.

시간은 흐른다. 힘들게 살아남은 동지들은 이제 '당'의 중추가 되었다. 하지만 이제 그들은 어쩔 수 없이 헐리우드 무비 스타들이나 그들처럼 전혀 케틀벨러 같아 보이지 않는 사람들과도 케틀벨을 공유해야만 한다. 왜냐하면 나약하게 만드는 주류 피트니스의 조언에 질려 버린 똑똑한 사람들이 하드코어를 찾아 떠나 왔기 때문이다. 2002년에는 우리 러시안 케틀벨이 롤링 스톤즈의 '독보적으로 핫한 것들(Excusive Hot List)' 중, '가장 핫한 웨이트'로 선정됐다.

THE EVIL RUSSIAN

When the U.S. Marines recently decided to hire a civilian trainer to toughen up troops for its new Marine Corps Martial Arts Program, it turned to a former commie by the name of Pavel Tsatsouline. Also known as the Evil Russian, Tsatsouline used to be a physical-training drill instructor for Spetsnaz, an elite Soviet military outfit that specializes in assassinations, among other things, and his Eastern-bloc ideas are likely to revolutionize the way our Marines get fit. Forget three-mile runs, calisthenics, bodybuilding-type weight lifting and, especially, forget crunches ("A pathetic, weaseling little exercise"). Instead, Tsatsouline is punishing the Marines by having them perform just a few exercises – pull-ups, squats and leg raises, for example. "What I really teach," says Tsatsouline, "is superior control of muscle tension. You not only get stronger, you get stronger faster." Says Gunnery Sgt. James A. Coleman III, "He's definitely going to improve our war-fighting capabilities." What Tsatsouline is doing for the Marines, he can also do for you. He's got a whole line of fitness products for sale (go to dragondoor.com), including books, videotapes and even his own $170 abs machine, the Ab Pavelizer. "Fifteen years ago, the Russians would have shot me for revealing these techniques," says Tsatsouline. "But now I'm a capitalist running dog." –ERIK HEDEGAARD

HOT TRAINER

ROLLING STONE, AUGUST 30, 2001 · 95

2004년, 스트렝쓰 세계에서 가장 존경받는 명사들 중 한 명인 랜달 스트로즌 박사(Dr. Randall Strossen)가 이렇게 말했다.

"우리들 눈에는 파벨 차졸린(Pavel Tsatsouline)이 영원한 현대 케틀벨의 왕으로 군림할 것 같다. 왜냐하면 케틀벨의 개종자들로 가득 찬 이 나라에 그것(케틀벨)을 대중화시킨 사람이 바로 파벨이기 때문이다."

ENTER THE KETTLEBELL!

CHAPTER I

Enter the Kettlebell !

48
kg

CHAPTER 1:

Enter the Kettlebell!

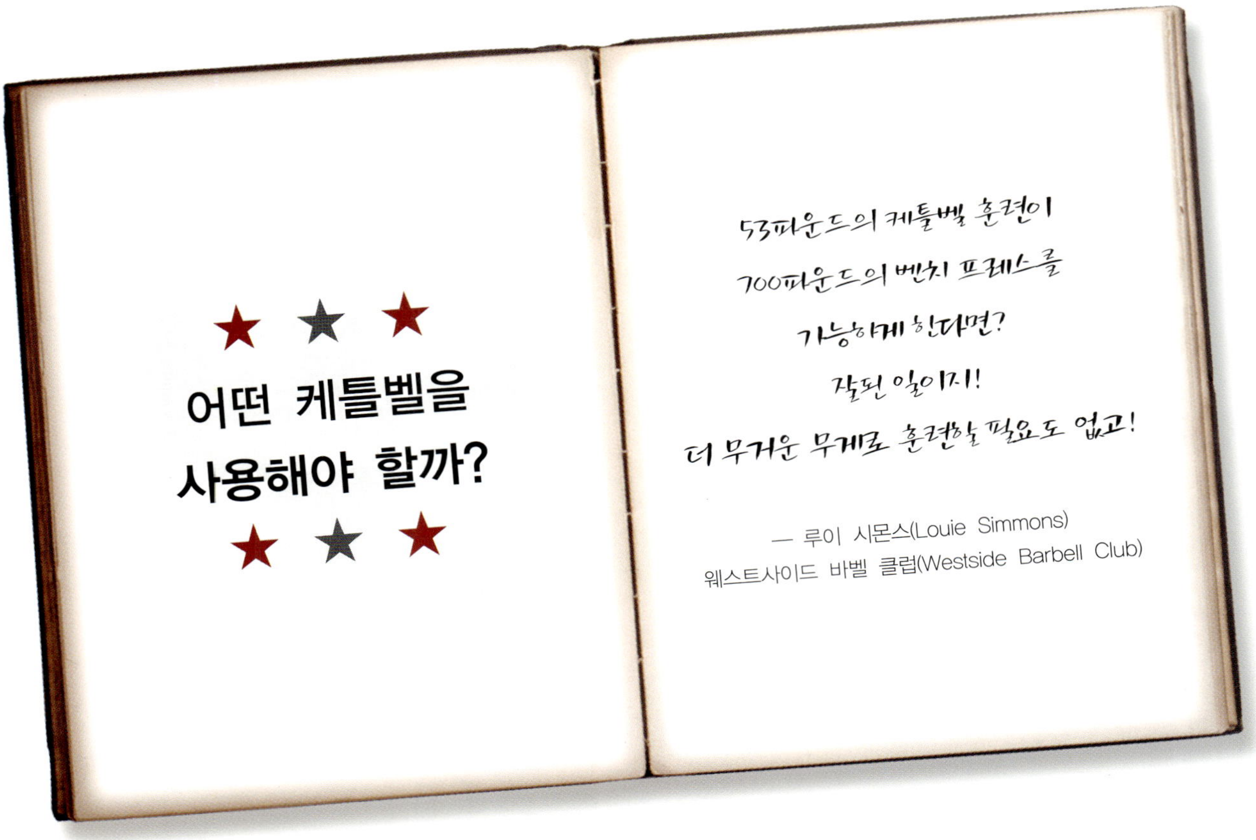

케틀벨이란 무엇인가?

케틀벨은 손잡이가 달린 대포알이다. 케틀벨은 초소형 체육관이다. 케틀벨은 일종의 선언이다.—"메트로섹슈얼(metrosexual; 꽃미남 지향) 체육관들에 진절머리가 난다. 난 남자다. 남자답게 운동하겠다!"—케틀벨 리프팅은 해방이고 중세시대 검투만큼이나 공격적이다. 오리 호프메클러(Ori Hofmekler)가 칭한 '전사의 본능'의 발로다.

사내들은 자신의 총에 이름을 붙이듯이 자신의 케틀벨에도 이름을 붙인다. 그리고 군부대의 휘장을 그려 넣는다. 자신의 몸에 케틀벨 문신도 새긴다. 한마디로 러시안 케틀벨은 웨이트계의 할리 데이비슨이다.

케틀벨은 건강의 모든 측면에서 이점을 제공한다. 모든 용도의 힘, 지구력, 유연성을 향상시킨다. 수치스러운 유산소 운동* 없이도 체지방을 줄인다. 이 모든 게 주당 1~2시간 훈련으로 가능하며, 어디든 휴대할 수 있지만 거의 파괴되지 않는 도구, 케틀벨 하나로 가능하다.

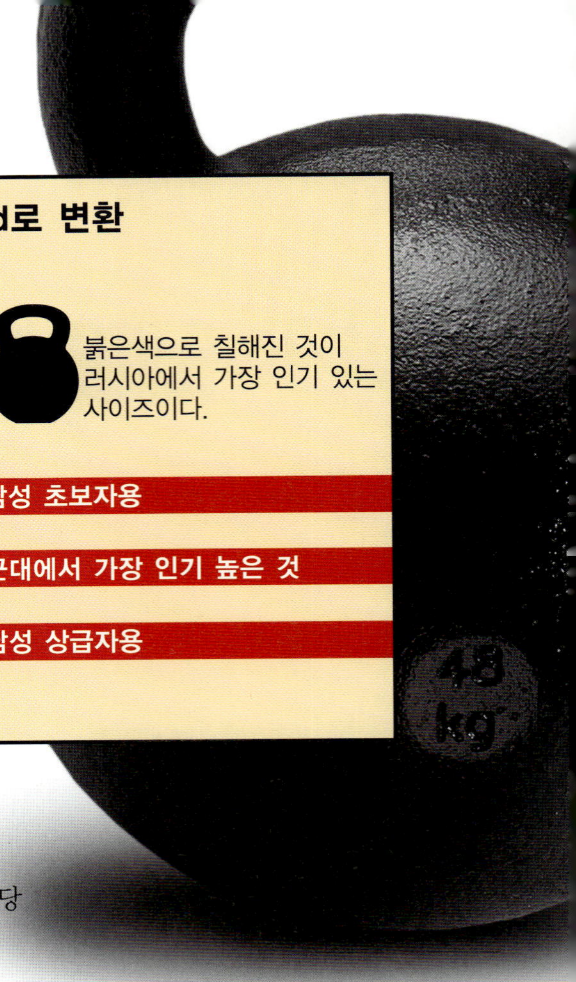

러시아 케틀벨은 전통적으로 푸드(pood) 단위를 사용한다. 푸드는 러시아의 오래된 측정단위로 1pood가 약 16kg이다. 러시아에서 가장 대중적인 케틀벨이 1pood짜리다. 일반 남성 초보자에게 적당한 무게다. 1 $\frac{1}{2}$pood(24kg)는 러시아 군대에서 표준적인 케틀벨이다. 2pood(32kg)는 '더블'로 불린다. 상급자용 케틀벨이다.

Pood를 kg과 pound로 변환
반올림하여 변환함.

붉은색으로 칠해진 것이 러시아에서 가장 인기 있는 사이즈이다.

Poods	kgs.	lbs.	
0.25	4	9	
0.375	6	13	
0.5	8	18	
0.75	12	26	
1	16	35	남성 초보자용
1.25	20	44	
1.5	24	53	군대에서 가장 인기 높은 것
1.75	28	62	
2	32	70	남성 상급자용
2.5	40	88	
3	48	106	

무거운 케틀벨을 전통적으로 '불독'이라고 부른다. '무겁다'라는 건 보는 사람의 관점에 따라 다르다. 대부분 32kg 이상의 케틀벨은 쳐다보지도 않는다. 48kg이 전통적인 케틀벨 중에서는 가장 무겁지만, 러시아 스트롱맨들은 더 무거운 것도 마다하지 않는다. 웨이트리프팅의 전설 유리 블라오프(Yuri Vlaov)는 자신의 맞춤형 56kg 케틀벨을 도난당하고 너무나 애통해했다고 한다.

드래곤 도어(Dragon Door)에서는 최상급의 고전적인 러시아 스타일의 주철(cast-iron) 케틀벨을 생산한다. 무게는 4.55~48kg이다. 필요에 맞게 선택하면 된다.

케틀벨 1개로 시작하라. 다음 페이지에 나오는 표를 참고해 적절한 것을 고른다. 여유가 있다면 (사이즈표를 참조해) 서너 개를 한 세트로 구입하는 것이 좋다.

같은 크기의 케틀벨 2개가 필요할까? 아직은 그럴 필요가 없다. 더블 케틀벨 훈련은 훌륭하지만—시니어** RKC 마이크 마흘러(Mike Mahler)가 보여 주었듯이—초보자에게는 적합하지 않다. 1개로도 충분하며 근력 불균형을 교정하는 데 중점을 두다가 이 책의 더 뒤에 제시된 목표치 스내치와 프레스***를 할 수 있게 되면 그때 다시 이야기하자.

---

* 끝없이 러닝머신에만 매달려 있는 미국의 피트니스 체육관 사용자들을 비판한 말이다. 파벨 자신도 맨발 달리기를 좋아하지만 다이어트를 위해, 즉 칼로리 소모를 위해 러닝에만 매달리는 부끄러운 짓은 하지 않는다. 파벨과 RKC에게 '훈련'이란 배움이고 축적이지 소비나 소모가 아니다. 단순히 어제 저녁에 한 조각 더 먹은 피자의 칼로리를 걱정하며 두세 방울의 땀으로 보상받으려는 행동은 우리에겐 수치스럽기 짝이 없다는 의미다. 그래서 수치스러운 유산소 운동이라고 표현하는 것이다. 이 표현은 마치 유행어처럼 RKC 커뮤니티에서 통용되고 있다.

** 현재 RKC 지도자 서열은 Chief instructor 파벨을 정점으로 그 아래 Master instructor, Senoir instructor, team leader instructor, RKC level2 instructor, RKC instructor, HKC instructor 순서다. 이 책이 나올 당시 2006년에는 Senior instructor가 파벨 다음이었다. 이 책에서 시니어 RKC로 소개된 마이크 마흘러, 스티브 맥스웰, 스티브 코터는 여전히 유명한 지도자들이지만 RKC를 나와 따로 지도자과정을 만들거나 개별 활동을 하고 있다. RKC로 소개된 앤쏘니 딜루글리오, 제프 마라톤도 RKC에서 나와 각자 지도자과정을 개설했다. 단 존은 RKC에 들어와 Master instructor가 됐다. 2007년 스포츠의학의 대가 그레이 쿡이 RKC가 되면서 2008년부터 CK-FMS라는 새로운 과정을 이수한 RKC들이 배출되기 시작했고, 2010년부터 인디언클럽 전문가 과정(CICS)을 이수한 RKC들도 배출되기 시작했다.

*** 이 책 87쪽에 제시된 목표를 말한다.

드래곤 도어에서는 최상급의 고전적인 러시아 스타일의 주철 케틀벨을 제조하는데 무게가 4.55~48kg이다.

일반적인 남성은 16kg으로 시작해야 한다. '일반'이 무슨 의미인가? 완전히 잘못된 통념이긴 하지만, 흔히 근력의 기준으로 말하는 벤치 프레스로 예를 들겠다. 벤치 프레스 중량이 90kg 미만인 남성은 16kg 케틀벨로 시작한다. 벤치 프레스가 90kg 이상이라면 20kg 케틀벨도 가능하다. 그러나 당신이 파워리프팅 선수나 스트롱맨 대회 선수가 아니라면, 24kg으로 시작하는 건 꿈도 꾸지 마라.

이 숫자들이 그리 무겁게 들리지 않을 것이란 걸 안다. 그러나 케틀벨은 숫자보다 실제가 훨씬 더 무겁게 느껴진다! 이해를 돕기 위해 예를 들겠다. 몇 년 동안 아놀드 피트니스 엑스포 때마다 우리 부스에서 40kg 케틀벨을 가지고 밀리터리 프레스 경연을 열었다. 규칙은 간단하다. 프레스를 시작할 때 주먹이 턱보다 아래에 오게 하고, 무릎을 계속 완전히 펴야 한다(즉 저크하면 안됨). 누군가 "이딴 건 다 요령일 뿐이야"라고 투덜댈까 봐 본인이 원한다면 우리가 직접 도전자의 케틀벨을 가슴 앞에 얹어 준다.

한 팔로 40kg을 머리 위로 프레스하는 것이 힘의 과시가 안 된다는 사실을 직시하자. 확실히 벤치 프레스 중량이 181kg 되는 113kg 체중의 남성에겐 그렇다. 그러나 대부분 사람들은 그 정도를 들지 못한다. 여기서 교훈은 '케틀벨을 주문할 때 실수를 범하기 쉽다'는 점이다. 낮은 중량을 주문한다고 결코 굴욕적인 게 아니다. 심지어 500kg 이상 스쿼트하는 RKC 도니 톰슨(Donnie Thompson)과 마크 바틀리(Marc Bartley) 같은 강력한 선수들도 16kg과 24kg 케틀벨로 다양한 운동을 한다.

내게 맞는 케틀벨 선택하기

사용자	처음 시작할 때	이상적인 한 세트
보통 여성	8.2 kg.	8.2, 12, 16 kg.
강한 여성	12 kg.	12, 16, 20 kg.
보통 남성	16 kg.	16, 20, 24, 32 kg.
평균 이상으로 강한 남성	20 kg.	20, 24, 32 kg.
아주 강한 남성	24 kg.	24, 32, 40 kg.

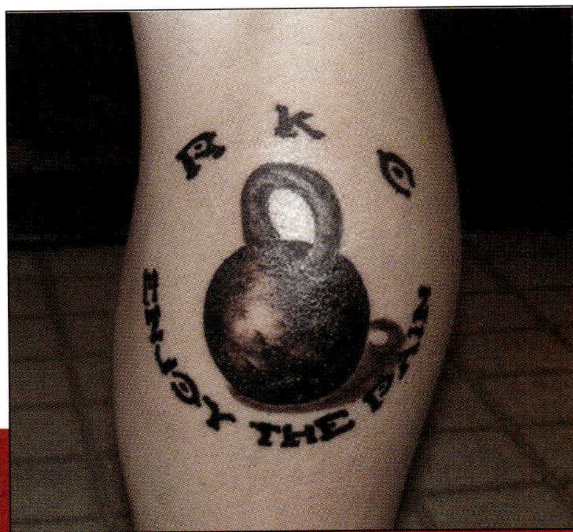

"파벨, RKC 지도자 과정은 내 생애에서 정말 믿을 수 없을 만큼 놀라운 시간이었습니다. 그 고통과 괴로움은 충분히 가치가 있었습니다. 전 결코 잊을 수 없을 겁니다. 이날의 기억은 평생 나와 함께할 겁니다!!!"

– RKC 더그 네포달(Doug Nepodal, RKC)

일반적인 여성은 8.2kg으로 시작한다. 힘센 여성은 12kg으로 시작할 수도 있다. 대부분의 여성은 16kg까지 향상되도록 해야 한다.* 소수의 여성들은 그 이상을 하기도 한다. RKC 캐서린 '강철 케이트' 이메스(Catherine 'Steel Kate' Imes)는 남자들을 무색하게 할 정도로 32kg을 여러 회 프레스한다.

유의해야 할 것은 덤벨과 달리 케틀벨은 중량을 조금씩 늘리지 않는다는 점이다. 독창적으로 훈련한다면 점진적 저항을 가하기 위해서 톤 단위의 중량이 필요하지 않다. 그러니 비용과 공간을 아낄 수 있다.

아무 이유 없이 그저 고중량만 추구해선 안 된다. 항상 자신의 목표를 염두에 둬야 한다.

예비역 특수요원이자 구소련 국가들의 맨손 격투 전문가들을 양성한 아나톨리 타라스(Anatoly Taras)는 24kg 케틀벨을 가지고 단 한 번만 손을 바꾸면서 한쪽 팔에 스내치 50회씩 할 수 있다면 이 사람은 수확체감(diminishing returns) 지점에 이르렀다**고 말한다. "어떤 사람들은 왜 그 숫자를 올리면 안 되는지 묻곤 한다"고 타라스(Taras)는 말하면서, "시간과 의지만 있다면 그렇게 할 수 있겠지만, 목표가 기록 세우기가 아니라면 굳이 그렇게 할 필요가 없다. 그런 기록 경신이 더 잘 싸우게 만들어 주는 건 아니다"라고 지적했다.

* 4.55kg, 6.36kg과 10kg 케틀벨도 있다. 손잡이 굵기가 더 가늘게 제작된 여성용 16kg도 있다.

** 이때부터는 운동효과가 체감한다는 뜻이다. 맛있는 음식을 먹을 때 느끼는 만족도가 처음 한입 먹을 때부터 조금씩 상승하다가 어느 지점부터 떨어지기 시작한 뒤 계속 만족도가 감소만 하듯이 말이다. 임계점을 넘어서면 고문이 되는 법이다.

★ ★ ★

당신의 뻣뻣한 엉덩이와 등, 어깨를 러시아인의 바디 랭귀지로 말할 수 있게 하려면?

★ ★ ★

> 그들(강력한 운동선수들)이
> 미래의 사람들이다.
> 모든 사람들이
> 이처럼 강해지는 때가 올 것이다.
> 이것이야말로 국가가 가질 수 있는
> 행복의 정수다.
>
> — 안톤 체호프(Anton Chekhov)

러시아 사람들은 심지어 버킹엄 궁전 근위병처럼 옷을 입었다 해도 쉽게 분간할 수 있다. 레인저 부대(Army Ranger) 예비역인 RKC 엘리스 존스(Ellis Jones)는 '매우 화난 듯 보이는 백인이면 러시아인'이라고 RKC 포럼에 썼다.

그리고 보행 방식도 다르다. 내 아내 줄리는 많은 러시아인들을 접할 수 있는 특권 아닌 특권을 갖고 있는데, 미국인과 러시아인의 보행 방식에 큰 차이가 있다고 지적했다. 미국인은 몸을 앞으로 기울이면서 발이 몸을 따라가듯이 걷는 반면에, 러시아인들은 마치 배가 몸을 이끌듯이 의기양양하게 걷는다는 것이다.

문화적 배경이 어떻든 간에, 미국인은 뻣뻣한 고관절굴근(hip flexor)을 갖고 있는 반면, 러시아인들은 그렇지 않다. 이 근육이 대퇴부 상부에서 뻣뻣해지면 엉덩이가 뒤로 튀어나오거나, 적어도 파워풀한 당기기, 던지기, 킥, 펀치, 점프 동작 내내 엉덩이를 쓰지 못한다. 뻣뻣한 고관절굴근은 당신의 힘을 차단하는 브레이크 역할을 한다.

이 단원은 '케틀벨 예비학교'의 역할을 할 것이다. 여러분의 유연성을 테스트하고 교정할 것이다. 케틀벨을 들어 보라, 당신의 상태를 알아보자.

편한 자세로 서라. 즉, 발을 어깨보다 약간 넓게 벌리고 발끝은 살짝 바깥으로 향하게 한다. 그리고 새로 산 반짝거리는 케틀벨을 집어 든다. 높은 의자에 앉듯이 엉덩이를 뒤로 빼서 앉는 자세를 취하고, 엉덩이와 무릎을 펴면서 케틀벨을 양손으로 들어 올린다. 누군가 당신을 지켜보게 하고 다음에 나오는 리스트에 체크하게 한다. 거울은 사용하지 말 것!

스모 데드리프트.

1

이것은 데드리프트가 아니다. 장난치나!

2

3

- ★ 팔은 쭉 펴고 하체로 리프팅하라.
- ★ 무릎은 발끝과 같은 방향을 향하게 하라. 발끝은 바깥 방향으로 살짝 오픈된다.
- ★ 발뒤꿈치를 바닥에 뿌리박는다. 뒤로 앉는 것이다. 내려앉거나 앞으로 숙이지 않는다.
- ★ 동작 내내 등을 '곧게 편' 상태를 유지한다. '곧게 편(straight)'이라는 말과 '수직(vertical)'이라는 말을 헷갈리지 마라. 등을 '곧게 편다', '둥글리지 않는다'는 의미다.
- ★ 동작을 하는 내내 정면을 바라보라. 위쪽이나 아래쪽을 보지 말고.

만약 위에 제시된 조건들 중 어느 하나라도 준수하지 못한다면, 불합격이다. 합격할 때까지 다음에 나오는 드릴을 매일 연습하라. 그때까지 케틀벨은 들지 마라, 동지여.

면벽 스쿼트(The Face-The-Wall Squat)

존 두 케인의 훌륭한 프로그램인 〈The Qigong Recharge〉* 가운데 하나가 내 주목을 끌었다. 바로 만리장성 스쿼트(Chinese wall squat)다. 이것을 우리의 목적에 맞게 수정한다면, 풀링(데드리프트, 스윙)과 스쿼트 동작에 필요한 등과 엉덩이의 유연성 발달에 탁월한 훈련이 된다.

벽에서 발끝이 7~8cm 정도 떨어지게 벽을 마주 보고 선다. 양발을 어깨보다 약간 넓게 벌리고 발끝은 살짝 바깥을 향한다. 팔은 자연스럽게 늘어뜨린다. 발을 바닥에 뿌리박아라(발 안쪽이 들리지 않게 하라!). 무릎이 바깥쪽으로 마치 개구리처럼 벌어지지 않게 하면서 최대한 낮게 스쿼트를 한다.

* Qigong; 기공. 동양 전래의 기(氣)를 다스리는 수련.

가슴을 열어젖히거나 허리를 펴지 않고서는 특정 지점을 지날 수 없음을 느끼게 될 것이다. 만약 내 말이 틀렸음을 증명하고 싶거나 무작정 더 깊이 내리려고 해도, 얼마 지나지 않아 몇 인치 더 내려가지 못할 뿐 아니라 이마나 무릎이 벽에 부딪치거나 뒤로 자빠질 것이다. 예스, 예스 형사 클루조 타입이다.*

3

4

천천히 신중하게, 근력을 이용하여 움직인다. 허리나 다리에 피로가 가중되면 동작을 멈추고 긴장을 털어 낸 다음 잠시 쉬었다가 다시 한다. 이 동작을 여기저기서 수시로, 하루 종일, 매일같이 몇 회씩 반복한다면 매우 빠르게 성장하는 효과를 얻을 것이다.

* 슬랩스틱코미디 영화의 고전 〈핑크팬더〉(1963)시리즈의 주인공이 형사 클루조. "yes, yes"는 그의 말버릇.

지시사항을 읽지 않으면 이런 일들이 벌어진다.

이것은 소위 '개구리자세'*다. 절대로 해선 안 된다!

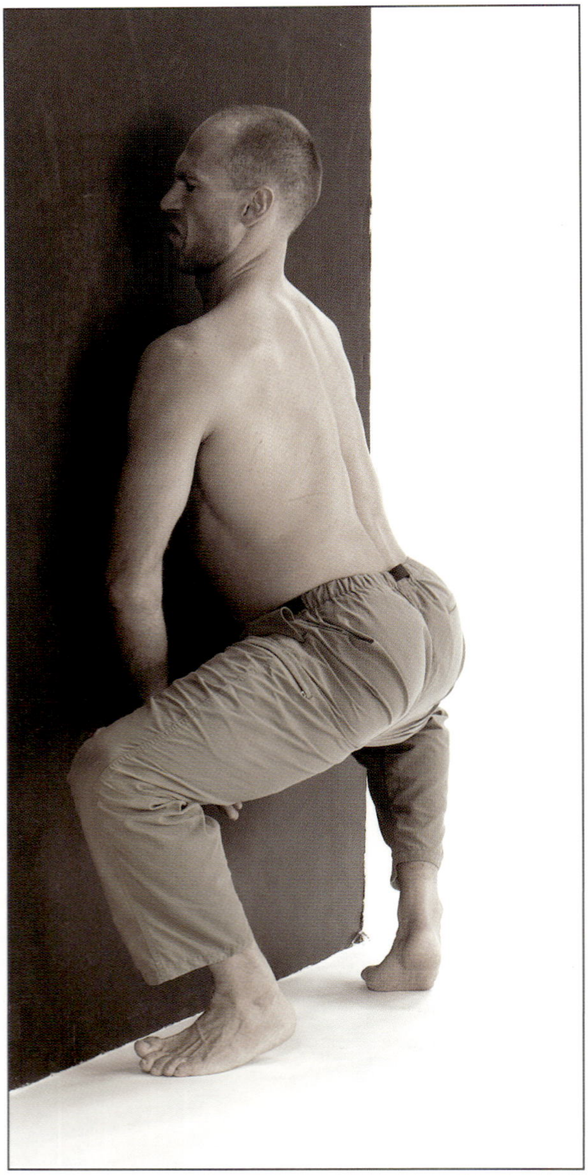

하프 스쿼트(half squat)까지 내려간다. 그 다음, 벽에 더 가까이 다가가 동작을 계속한다. 목표는 발가락이 벽에 닿게 한 채 케틀벨을 집어 올릴 수 있을 만큼 낮은 지점에 이르도록 스쿼트를 하는 것이다.

이것이 우리가 목표로 하는 면벽 스쿼트다. 동지!

* 스트레칭 포즈/요가 아사나. 바닥에 엎드린 채 개구리처럼 구부린 다리 사이의 간격을 넓게 벌리는 자세다.

헤일로

헤일로(halo)는 모빌리티(Mobility)의 대가 시니어 RKC 스티브 맥스웰(Steve Maxwell)이 제안한 동작이다. 이것은 여러분 어깨의 타이트함을 풀어 줄 것이다. 케틀벨을 뒤집어 잡고 천천히 머리 주위로 움직인다. 점진적으로 원을 더욱 작게 돌린다. 허리를 보호하기 위해 둔근을 단단하게 조인다('둔근 사이에 동전이 꽉 조여질 만큼').

1

2

헤일로.

헤일로.

4

3

5

허리를 보호하기 위해 둔근을 단단하게 조인다('둔근 사이에 동전이 꽉 조여질 만큼').

펌프 스트레치

고관절굴근(hip flexors)이 얼마나 뻣뻣한지 알아보기 위해 데드리프트(deadlift)의 상위 자세를 테스트하라.

★ 상위지점에서 무릎을 다시 구부리거나, '스쿱'*해선 안 된다. 동작은 절도 있게 해야 한다. 흐느적거리거나 대충해선 안 된다.

★ 최상위지점에서 몸은 일직선을 이룬다. 머리도 엉덩이도 무릎도 튀어나오지 않는다.

* scoop, 큰 숟가락질하기. 아이스크림 전문점에서 국자 비슷한 큰 숟가락으로 아이스크림을 퍼올릴 때 그리는 웨이브 동작을 떠올리면 된다. 웨이트리프팅에서 스쿱은 상체가 먼저 급하게 웨이브를 그리며 일어나고 하체가 따라 움직인다. 바벨 스쿼트나 데드리프트에서 이렇게 하기도 하고, 올림픽 역도에서도 흔한 자세다. 세컨드 풀 또는 더블 니 벤드라는 표현과 같이 쓰인다. RKC 스타일은 올림픽 역도와 달리 엉덩이가 모든 움직임을 운전해야 한다. 그러니 급하게 하거나 상체가 데드리프트를 리드하게 하면 안 된다.

이걸 '락 아웃'이라고 부르느니 차라리 날 '밥 아저씨'라고 불러라.

여러분이 실패했으리란 걸 잘 안다. 교정하기 위한 드릴을 소개한다. 하루 종일, 매일 연습하라.

마치 엉덩이를 높이 든 푸샵(push-up) 자세처럼 취한다. 손은 어깨너비로 벌리고 발은 그보다 약간 더 벌린다.

팔꿈치를 완전히 펴고, 체중을 앞으로 이동하고 엉덩이를 낮춘다. 팔이 일직선으로 펴져서 체중의 대부분을 지탱하게 될 때까지 낮춘다. 척추를 '길게 늘이고' 시선은 위로 향한다.

둔근을 조이고 엉덩이를 최대한 앞으로 당긴다.

이제 엉덩이를 좌우로 움직이고 몇 회 양쪽으로 돌린다. 대퇴부의 상부 근육(고관절굴근, hip flexors)이 느슨해지도록 노력한다. 그러고는 펌프질.*

1

* 옛날에 시골에서 펌프로 지하수를 퍼올릴 때처럼 하라는 이야기. 지렛대를 아래로 올렸다 내렸다 해야 물이 올라오던 옛날 펌프처럼 엉덩이를 위아래로 올렸다 내렸다 한다.

2

펌프질.

척추를 '길게 늘리고' 위를 보라. ★

3

4

이제 엉덩이를 좌우로 움직이고 몇 회 양쪽으로 돌린다. 대퇴부의 상부 근육이 느슨해지도록 노력한다. 그러고는 또 '펌프질'.

펌프질하라.

다음 동작은 어깨를 스트레치하는 데 도움이 될 것이다. 케틀벨 리프팅을 하는 데 아주 중요하다.

팔꿈치를 고정시킨 채, 펌프 시작 자세를 취한다.

엉덩이를 최대한 뒤로 빼고 가슴은 최대한 낮게 내린다.

스프링처럼 탄력적으로 가슴을 더 깊이 아래로 짧게 몇 회 내리누른다. 신뢰하는 훈련 파트너가 견갑골(shoulder blade) 사이를 밀어 주어도 된다. 이때 팔꿈치는 완전히 펴져야 하며, 그렇지 않으면 어깨 부상을 입을 수 있다.

다시 앞으로 움직인다. 동작을 조절하는데, 여기서 속도와 횟수보다는 발목, 엉덩이, 등, 어깨의 가동범위를 증가시키는 데 초점을 둔다.

RKC 지도자 과정에서 학생들이 종종 RKC 인스트럭터들에게 마치 러시아인들처럼,
"당신들은 (리프팅의) 마지막 회도 첫 회처럼 해내는군요"라고 말하곤 한다.
여러분도 할 수 있다. 단, 의지가 있느냐 없느냐의 차이다.

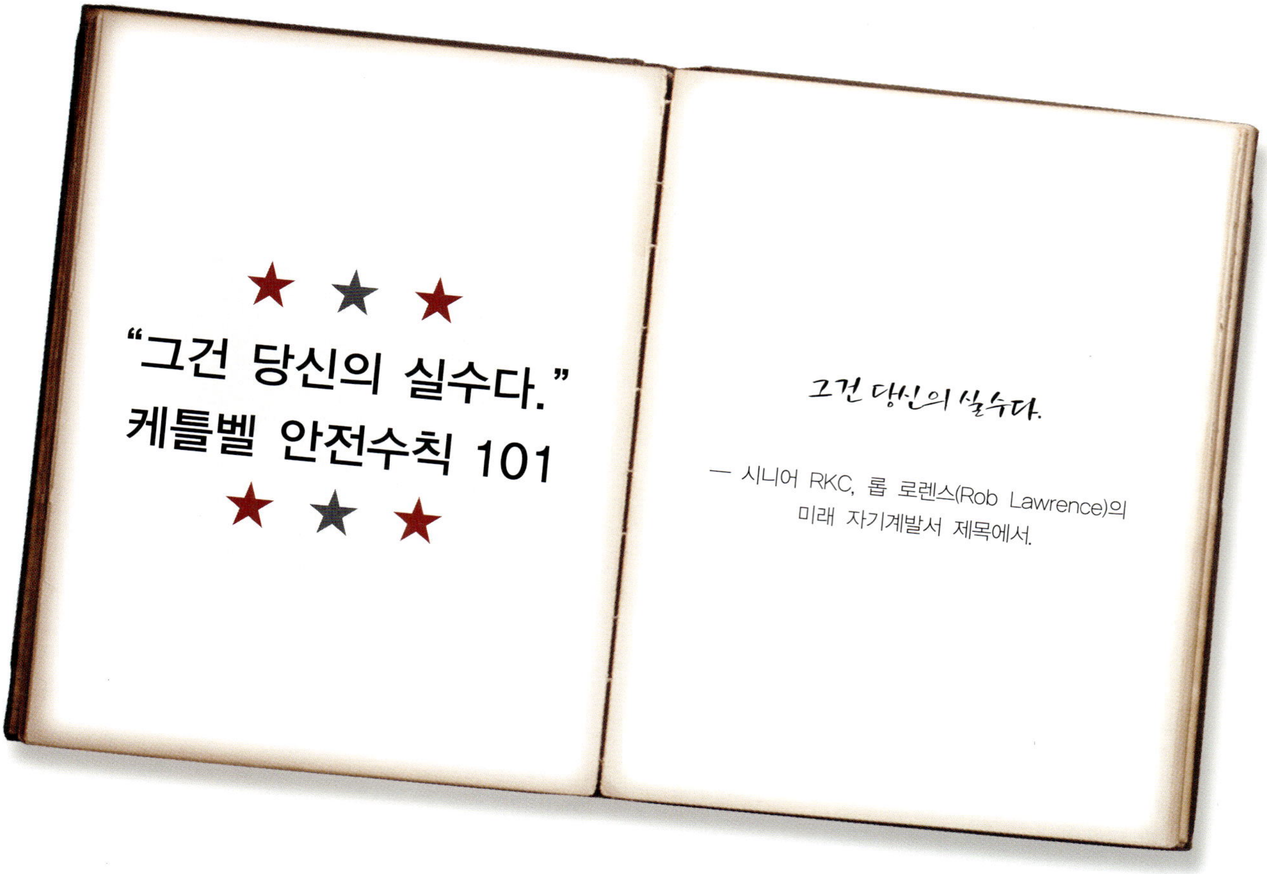

진짜 바보가 아니라면, 쇳덩어리 케틀벨을 잘못된 방법으로 흔들다간 단순한 부상이 아니라 큰 사고가 일어날 수 있음을 잘 알 것이다.

"쓰나미가 올 때는 서핑하지 마라!"는 말은 농담이 아니다. 실제로 말리부시는 이런 경고 문구가 담긴 소책자를 집집마다 우편으로 발송했다. 이렇게까지 해야 하다니, 얼마나 멍청하단 말인가. 그러나 바로 몇 년 뒤, 400명 이상의 서퍼들이 쓰나미 경고에 이끌려 와 하와이에서 파도를 탔다는 글을 읽었다. 이 단원의 이런 이야기들을 아주 지루해할지 모르겠다. 그러나 바로 당신 자신이 어리석게 죽은 사람들에게 주는 상인 다윈상(Darwin Award)의 수상자가 될 수도 있음을 명심하라.

1. 훈련을 시작하기 전에 먼저 의사와 상담하라.

특히 정형외과의사, 심장전문의사와 상담하라. 농담이 아니다. 케틀벨 훈련은 생각 이상으로 강도가 높다. 심장전문의를 언급한다고 웃어넘길 이야기가 아니다. 이 책에서 레슬러 마이클 카스트로지오반니(Michael Castrogiovanni)가 몇 분 내에 심박수 211BPM을 얻었다는 내용을 읽게 될 것이다. 이 레슬러의 연령대에서 최대 심박수는 195에 불과하고 게다가 그는 뛰어난 체력의 소유자였다.

2. 항상 주변 환경을 의식하라.

건물 손상 또는 인명 피해(자기 자신을 포함하여)의 우려가 없는 장소에서 훈련한다.

단 존(Dan John)은 '실외에서 훈련하라' 고 권한다. "체육관의 안락한 공간에만 머문다면 당신의 잠재력을 다 펼치지 못할 것이다…… 덤벨이나 케틀벨을 쥐고…… 공기 좋은 야외로 나가서 심플한 훈련을 창조해 내라. 상상할 수 있는 여러 방식으로 리프트하고 몸이 허락하는 한 여러 번 들어 올려라."

지면은 편평해야 한다. 내리막 지형이라면 허리와 무릎에 부상을 입을 수 있다.

총기 사용의 기본 안전수칙처럼 스윙, 스내치의 발사 라인에는 반드시 아무도 없어야 한다.

걸려 넘어질 만한 게 없는가? 널려 있는 케틀벨들에 걸려 넘어질 수 있다. 발이나 손을 찧을 수도 있다. 깨끗이 치워라.
RKC 지도자 과정에서는 어느 학생이 도열된 케틀벨들에 너무 가까이 접근한다면 바로 벌을 내린다(전체 참여자들이 벌칙을 수행해야 한다).

바닥 표면이 어떤가? 미끄러운가? 고르지 않는가? 그렇다면 이동하라.

케틀벨 때문에 땅이 움푹 들어간 곳들도 주의하라. RKC 지도자 과정이 끝나고 나면 우리가 훈련한 축구장이 마치 미군의 이라크 공습 현장처럼 된다.

가벼운 여성용 케틀벨을 이용한다면 케틀벨이 튕겨 오르지 않을 곳을 택해야 한다.

겟업 동작의 가장 도전적인 지점에서 태양을 향하면 위험하다. 시작부터 그 방향을 피하라.

RKC 케틀벨 지도자 과정. 고통은 달다.

3. 올바른 신발을 신자.

이 프로그램은 모두 맨발 아니면 쿠션이 없는 평평한 신발을 신고 연습해야 한다.

레슬링 슈즈, 척 테일러 캔버스화 등척이라는 이름이 붙은 신발은 거의 다 좋다.*

농구선수나 러너 또는 에어로빅 강사들이 신는 스니커즈는 좋지 않다! 예쁜 신발은 외관이 좋은 대신 기능이 떨어지고 허리나 무릎 부상을 입을 수 있다. 《파워 투 더 피플!》에서 그 이유를 설명했으니 여기서 다시 반복하지 않겠다.

4. 케틀벨과 공간을 다투지 마라.

"케틀벨과 절대 공간을 다투지 마라!"고 네이트 모리슨(Nate Morison)은 강조한다.
"케틀벨에게 지게 돼 있다. 이런 상황을 피하라. 이런 상황이 일어날 만한 장소를 피하라."

케틀벨이 당신의 팔꿈치, 어깨나 다른 관절을 지구인이 할 수 없는 방식으로 비틀려고 한다면, 절대 버티지 마라. 싸우지 마라. 그냥 중단하라! 조심해서 케틀벨을 바닥으로 떨어뜨려라. 필요하다면 몸을 피하면서. 특히 발을 빼라.

더 좋은 것은 케틀벨의 동역학을 미리 예측하는 것이다.—수습보다 예방이 낫다.

5. 항상 모든 안전조치들을 연습하라.

왜냐하면 "연습은 항구성을 만든다."**

그리고 "스트레스가 많은 상황에선 훈련 때 하던 대로 회귀하기 마련이다."***

즉, 연습할 때 편한 횟수에서도 나쁜 습관을 보인다면, 무거운 케틀벨로 그것도 스트레스가 가중되는 마지막 횟수를 할 때에는 거의 반드시 나쁜 습관대로 하게 돼 있다.

"스카이다이빙 커뮤니티가 증명하듯이" 미 공군 파라레스큐(USAF Pararescue)의 네이트 모리슨(Nate Morison) 하사가 지적한다. "스카이다이빙 점프에서 사망 원인 중 아주 황당한 경우가 대부분 자동조정 모드의 기술에만 익숙해 있기 때문에 발생한다…… 나는 점프할 때마다…… 어김없이 내 장비를 체크한다. 같은 이유로 나는 케틀벨 윈드밀을 할 때마다 정신적 체크리스트를 체크한다. 주변을 정돈하고, 케틀벨을 스내치하고, 발을 옮기고, 케틀벨을 바라보고, 숨을 들이마시고, 안정성(stability)을 위해 복강압을 높이고, 뒤쪽 다리를 곧게 펴고, 엉덩이는 뒤로 빼며, 컨트롤을 유지해서 내리고, 멈추고, 락아웃시킨다. 복잡한

* 현재는 맨발을 강력히 추천한다. 신발을 반드시 신어야 하는 상황에서만 쿠션이 없고 밑창이 평평한 신발로 규정하고 있다. 신발은 비브람 파이브 핑거스를 가장 많이 신는다.

** "Practice doesn't make perfect. practice makes permanent" 미식축구 역사상 가장 존경받는 명감독 빈스 롬바르디의 명언이다. 연습이 좋은 게 아니라 좋은 연습만 좋다. 어떤 연습을 하느냐에 따라서 나날이 좋아질 수도 있지만, 나날이 나쁜 습관을 발전시킬 수도 있다.

*** 전투, 스파링, 시합, 대회, 시험, 공연, 오디션 등 심신의 스트레스가 극심한 상황에서는 생각할 틈도 없이 연습된 그대로, 몸에 기억된 그대로 반응하기 마련이다. 특히 정확한 연습을 꾸준히 해왔어도 극심한 스트레스 상황에서는 이미 다 고쳤다고 생각했던 처음의 나쁜 습관까지 다시 나타나는 경향이 있다. 그만큼 평소 정확한 연습이 중요하다는 뜻.

것처럼 들리겠지만 사실은 그렇지 않다. 이렇게 해서 나는 어떤 사이즈의 케틀벨이든 결코 밸런스를 잃지 않는다. 내 몸이 감사할 일이다!"

가장 멍청하고 흔한 부상은, 러시아워에 교통체증을 무사히 빠져나왔는데 집 앞에서 후진하다가 우편함을 들이박는 짓에 비유할 수 있다.

전형적인 실수는 빡센 스윙이나 스내치 세트를 끝내고 나서, 무게를 발가락 쪽에 실으며 등을 둥글게 만든 채 케틀벨을 어물어물 내려놓는 것이다. 절대 그렇게 하지 마라! 케틀벨을 안전하게 내려놓을 때까지 정신은 그 세트 안에 남아 있어야 한다. 스윙을 몇 번이고 더 할 수 있을 정도의 힘이 남아 있을 때 케틀벨을 서서히 내려놓는다. 그리고 케틀벨을 확실히 내려놓고 나면 몸을 이완해 준다.

6. 심박수가 높아지면 몸을 계속 움직이자.

운동 전 웜업의 필요성은 오래된 속설에 불과하지만, 정리운동은 그렇지 않다. 빡센 세트 후에 서 있거나 앉거나 누워서 헐떡거리고 있다면 심장은 더 정신없이 열심히 일해야 한다. 왜냐하면 몸이 심한 산소부족에 시달리는 상태이기 때문이다. 그러므로 근육을, 특히 다리 근육을 움직여 줘야 한다. 조깅을 하거나, 섀도복싱을 하거나, 심지어 걷기라도 해서 혈류가 다시 심장으로 돌아가도록 해야 한다. 움직임을 멈추면 심장이 더 강하게(때로는 너무 심하게) 뛸 것이다. 심박수와 호흡이 정상치를 향해 반쯤 내려올 때까지 움직임을 완전히 멈추면 안 된다.

마티 갤러거(Marty Gallagher)는 근력과 피트니스에 대한 《의도적으로 원시적인》* 접근법에서 유일하게 최첨단 도구인 심박 모니터를 제시한다. 난 이 도구를 사용해 본 경험은 없지만, 마티의 말은 귀담아들을 만하다. 심박수 모니터가 있으면 오버트레이닝 여부를 점검할 수 있다고 한다. 구소련의 군대 매뉴얼인 《솔져, 비 스트롱 Soldier, Be Strong》을 보면, 매번 훈련 직후에 훈련 전 심박수보다 25~50% 증가하는 정도는 괜찮다. 그러나 한두 시간 내로 정상화돼야 한다.

7. 훈련 부하를 점진적으로 적절히 증가시키고 몸이 표현하는 소리에 귀 기울여라.

만약 팔꿈치가 아프다면 그것은 자신의 잘못으로 인한 결과다. 첫째 날에 50회의 클린을 실시하는 것이 어리석은 짓임을 몸소 깨닫게 될 것이다.

'훈련량'에는 무게, 셋트, 횟수뿐만 아니라 유연성도 들어간다. 아직 준비되지 않은 자세로 밀어붙이지 마라. 즉 서서히 유연성을 개선하라. 클린 도중에 케틀벨로 전완을 때린다면 테크닉이 교정될 때까지는 빡세게 클린하지 마라. 부어오르거나 멍든 전완은 조급함의 표식이지 터프함의 표식이 아니다.

8. 교육이 모든 우발적 사고를 다 다룰 수 없다. 훌륭한 판단력이 우선이다.

판단력이 나쁜 사람이라면 케틀벨은 잊어버리고 필라테스 수업이나 등록하라.

자, 이제 이 장을 처음부터 다시 읽어 보라. 나는 당신의 고통을 느낀다.

* 마티 갤러거의 책 제목이자 운동법.

★ ★ ★

안전은 수행능력과 별개가 아니다. 수행능력의 일부분이다.

★ ★ ★

근육에 온 정신을 집중시켜, 완벽한 통제 하에 둘 수 있는 능력은 반드시 성취돼야 한다.

— 유진 샌도우(Eugene Sandow)

스포츠맨 유진 샌도우는 양손에 각각 24kg 케틀벨을 들고 백플립*을 할 수 있었다. 이런 점에서 그는 주의력에 관해 한 가지 또는 두 가지를 이해했다. 단지 안전이 아니라, 근력에 대해서. RKC 지도자 과정 중에서, 시니어 RKC 롭 로렌스(Rob Lawrence)는 우리의 안전관리 시스템은 수행능력과 별개가 아니라 그 일부라는 점을 밝혔다. 당신이 이 장에 제시된 교육사항들을 잘 지킨다면 케틀벨을 사용할 때든 아닐 때든 부상당할 확률을 상당히 줄일 수 있다. 그러면서도 더욱 강해질 것이다.

스포츠맨 유진 샌도우는 양손에 각각 24kg 케틀벨을 들고 백플립을 할 수 있었다. 이런 점에서 그는 주의력에 관해 한 가지 또는 두 가지를 이해했다.

1. 엉덩이 먼저!

타고난 운동선수는 엉덩이로부터 움직인다. 허리나 무릎으로부터가 아니다. 엉덩이 먼저 움직이는 것이 당신의 허리와 무릎에 가장 안전하다. 그리고 가장 파워풀하다.

일어서서 대퇴부 상부에서 몸이 접히는 부분 위에 양 손날을 댄다. 이곳이 몸의 '경첩(hinge)' 부위다. 손으로 강하게 누르고, 발뒤꿈치에 체중이 실리면서 엉덩이를 뒤로 뺀다.

* 케틀벨을 공중에서 회전시키는 저글링 묘기의 일종.

나는 이 탁월한 요령을 RKC 고(故) 케이티 포스 바큼(Kathy Foss Bakkum)에게서 배웠다. 신이여, 상냥하면서 강한 그녀의 영혼이 고이 잠들게 하소서! 이 요령은 등을 구부리지 않고 엉덩이 관절을 접어서 상체를 내릴 수 있게 가르친다. 카이로프랙틱 박사 RKC, 글렌 히먼(Glenn Hyman)은 이 요령으로 자신의 환자들이 케틀벨을 사용해 재활 치료를 해서 큰 효과를 거두었다고 강조한다.

상체를 올리는 방법도 마찬가지다. 엉덩이를 먼저! 대퇴사두근보다 둔근과 슬굴곡근(hamstring)으로 한다. 허리와 등은 전혀 쓸 일이 없다.

엉덩이를 접는다. 단 존이라면 당신에게 발뒤꿈치에 무게를 싣고 있는 게 확실한지 어디 한번 발가락들을 들어 올려 이리저리 움직여 보라고 말할 것이다.

동지, 지금 장난치나? 난 분명히 엉덩이에서 접으라고 했다.
척추가 아니다. 무릎도 아니다. 엉덩이다!

2. 구부정하면 안 된다. 전굴이 아니라 후굴을 하라.

겉보기에는 문제가 없는 듯이 보이는 동작 중 하나가 강도 높은 세트 혹은 훈련 후에 몸을 앞으로 숙이며 주저앉는 것이다. 유명한 피지컬 테라피스트 로빈 맥켄지(Robin McKenzie)는 대부분의 허리 통증이 인대와 그 주변 조직의 오버스트레칭 때문에 유발된다고 설명한다. 이것은 나쁜 자세, 특히 허리의 곡선이 손상되는 데서 종종 비롯된다. "활동 후에 척추 관절은 느슨해지는 과정을 겪는다. 만약 운동 후에 척추를 지탱하지 않는 상태로 오랫동안 유지하면 관절이 쉽게 변형된다. 구부정한 자세로 앉거나 무릎에 손을 대고 몸통을 앞으로 구부린 채 서있을 때다."

구부정한 자세를 피하라. 리프팅 직전과 직후에 5회의 후굴자세(back bends)를 실시한다. "리프팅을 하기 전에 똑바로 서서 후굴을 하라", "이것을 지키고 리프팅을 시작하면 허리 관절의 변형을 예방하게 된다"고 맥켄지는 설명한다. 후굴자세는 손가락이 아래로 향하게 한 채 허리의 잘록한 부분에 손을 대고 다리는 곧게 편 상태를 유지하는 것이다. 손을 지렛대처럼 이용하면서 등을 천천히 뒤로 구부리고, 1초간 정지했다가 다시 직립 자세로 돌아온다. 이 동작을 연속적으로 반복하면서 가슴을 좀 더 뒤로 젖히도록 노력한다.

특정 운동 직후에 등이 손상되기 때문에 통증의 원인으로 자연히 그 운동 탓을 하게 되지만, 모든 일은 보이는 것과 다른 법이다. 이런 경우에는 구부정한 자세가 원인이다. 그러므로 격렬한 운동을 한 후에는 구부정한 자세를 삼가하고, 후굴 5회를 실시한다.

어떤 러시아 코치들은 자신이 지도하는 선수들에게 훈련 후에 배를 바닥에 대고 누워서 책을 읽게 한다.

3. 몸통을 탄탄히 유지하라.

'단단함을 유지(Stay tight)' 하는 것은—허리를 보호하기 위해 단단한 근육 코르셋을 유지하는 것이다. 복부는 집어넣지도 튀어나오게 하지도 않는다. 유용한 이미지는 복부에 내리꽂힐 펀치를 대비해 긴장하는 것이다.

4. 팔은 느슨하게 유지하라.

케틀벨 클린과 스내치는 컬이 아니다. 팔은 엉덩이가 산출한 힘을 통과시킨다. 팔의 텐션을 올리면, 특히 뒤로 스윙할 때 팔꿈치가 비틀릴 수 있다.

5. "호를 길들여라."

시니어 RKC 롭 로렌스가 "호를 길들여라"라는 말을 사용했다. 이 개념은 제프 마라톤(Jeff Martone)의 핸드 투 핸드(hand-to-hand) 클린을 이용할 때 가장 잘 이해할 수 있다. 스윙을 배우고 난 후에 시도해 보라.

케틀벨을 한 손으로 들고, 다리 사이로 스윙한다. 케틀벨이 180도 돌아서 핸들이 아래로 향하게 되고 손바닥으로 둥근 면을 잡는다. 이때 손목에 단단히 힘을 유지한다. 상완을 몸에 붙이고, 팔꿈치는 낮게 유지한다. 이때 상체를 뒤로 기울이면 안 된다.

다리 사이로 케틀벨을 내리고—무릎을 조심하라.—핸들을 잡는다. 반복한다.

케틀벨이 큰 호를 그리며 움직인다면 곧바로 문제를 깨닫게 될 것이다. 케틀벨이 몸과 멀리 떨어져 움직이면 몸이 앞으로 딸려 나가거나 케틀벨을 아예 잡을 수도 없다. 케틀벨을 너무 높이 스윙해도 곤란하다.

호를 길들여라. 그럼, 문제가 해결된다. 내리는 동작에서는 케틀벨을 아래쪽이 아니라 뒤쪽으로 토스해서 전완이 가랑이를 거의 치는 정도가 되게 한다. (미식축구의) '하이크 패스(hike pass)'다. 올리는 동작에서는 이두근으로 당기지 않고 마치 잔디 깎는 기계에 시동 걸듯이 어깨를 뒤로 홱 잡아당긴다.

호 길들이기는 클린 후에 케틀벨을 가슴 위에 얹거나 스내치 후에 머리 위에서 케틀벨을 잡을 때도 적용된다. 케틀벨이 큰 호를 그리게 하는 것은 케틀벨이 전완을 강타하는 것을 의미한다. 또 손이 케틀벨의 움직임보다 지나치게 빨리 움직여서 호가 좁아지면 케틀벨을 받아내기 힘들어진다.

1

2

핸드 투 핸드 클린.

3

4

5

길들여진 호.

3

4

5

제멋대로 날뛰는 호.

6. 어깨를 소켓 안에 집어넣는다.

올드타임 세계 레슬링 챔피언이자 특출한 기르빅(케틀벨 리프터를 가리키는 러시아어)이었던 이반 쉐미야킨(Ivan Shemyakin)은 7pood(약 112kg) 바벨을 머리 위로 들고서 한 다리 점프를 할 수 있었다! 이 묘기에는 강한 하체 파워 외에도 근력 그리고 모든 충격 시점마다 팔꿈치를 고정시키고 어깨를 집어넣는 기술이 필요했다. 아주 가벼운 케틀벨이나 덤벨을 머리 위로 들고 빠르게 걷거나 점프를 해보라. 어깨와 팔꿈치가 이런 동작을 싫어한다는 사실을 금세 배울 것이다.—매번 팔꿈치를 펴서 고정하고 어깨를 소켓 안에 집어넣지 않으면 매번 덜컹거릴 것이다.

지침 : 케틀벨을 머리 위로 들어 지탱할 때 거북이가 머리를 안으로 쏙 집어넣듯이 어깨를 몸통 속으로 쏙 집어넣는다.

어깨를 소켓 쪽으로 집어넣고(오른쪽 사진) 팔꿈치를 완전히 펴서 고정시킨다.

시니어 RKC, 스티브 코터(Steve Cotter)는 다음과 같은 어깨 집어넣기 드릴을 가르친다. 등을 대고 누워서 팔을 앞으로 곧게 편다. 그리고 훈련 파트너가 그 팔이 몸에서 '분리되기' 시작할 때까지 조심스럽게 당긴다. 두 번째로는 팔을 어깨 소켓 안으로 집어넣고 파트너가 다시 당긴다. 만약 당신이 제때에 정확하게 집어넣는다면 팔은 몸과 '연결된' 상태를 유지할 것이고, 당신의 몸이 바닥에서 들릴 것이다.

만약 당신 혼자 훈련한다면 RKC 안쏘니 딜루글리오(Anthony Diluglio)가 고안한 철봉 드릴로 하라. 철봉에 매달릴 때 좁은 그립(사진 참조), 오버핸드 그립(손등이 본인 쪽을 향하는 그립)으로 철봉을 잡는다. 삼두근을 수축하고 거북이 머리처럼 팔을 몸 안으로 집어넣는다. 1~2인치 정도 몸이 끌어올려진다. 팔을 구부리지 마라. 어깨를 그 소켓 안으로 당겨 넣기만 하라. 양쪽 견갑골도 서로 가까이 당겨진다.

팔을 귀에 가깝게 유지해야 한다. 이것은 케틀벨을 머리 위로 들 때 필요한 방식이다.

7. 손목을 과신전하지 마라.

무거운 케틀벨은 당신의 손목을 뒤로 구부릴 태세다. 용납하지 마라! 손을 핸들 속으로 찔러 넣어 웨이트가 손바닥의 두툼한 곳에 머물게 하고 손목굴근(wrist flexors)으로 저항하라. 이 근육은 손목을 거위목처럼 팔 안쪽으로 구부릴 때 쓰는 근육이다.

8. 팔꿈치를 계속 곧게 펴라.

이 규칙은 케틀벨 비행 경로의 두 지점에 모두 적용된다. 백스윙의 가장 낮은 지점, 머리 위의 락아웃* 지점 즉 최하위점과 최상위점 모두에 적용된다. 목적은 팔꿈치를 쉬게 하는 것이다.

이해할 수 없는 이유로, 서구식 체육관에서는 관절을 락아웃하는 것—과신전하는 것이 아니라 신전하는 것—이 일종의 금기사항이다. 웨이트를 들지 않고서는 자기 팔 하나도 곧게 펴지 못하는 퍼스널 트레이너들이 그들의 고객들에게 만일 관절을 락아웃시킨다면 '관절이 손상된다'고 경고한다. 근육에 갇힌 바보들이다.

지루한 설명을 늘어놓지는 않겠다(카이로프랙틱 전문의에게 물어보라). 웨이트를 머리 위로 들 때 팔꿈치를 곧게 펴지 않으면 어깨에 무리를 일으키기 쉽다. 그러므로 팔꿈치를 쭉 펴라! 동지(Comrade)!

케틀벨을 다리 사이로 내릴 때 단 한 번이라도 팔꿈치를 완전히 펴지 않으면 팔꿈치를 다칠 수도 있다.

9. 손을 잘 관리하라.

찢어진 굳은살은 사내답긴 하지만, 그것이 훈련 시간을 잡아먹기 시작하면 신속히 제거하라. 특히 퀵리프트를 할 땐 굳은살을 제거해야 한다.

이건 정말 기초일세! 왓슨(Watson)**—스윙, 클린, 스내치의 양은 피부의 적응을 위해서 반드시 점진적으로 늘려야 한다.

케틀벨의 핸들을 사포로 갈 수도 있다. 케틀벨 스포츠 선수들은 그렇게 한다. 페인트가 벗겨지고 쇠가 매끄러워진다. 프레스나 다른 그라인드 리프팅과 달리 스윙, 클린, 스내치는 느슨한 그립이 필요하다.—핸들을 꽉 움켜쥐는 게 아니라 손가락들을 핸들에 '걸어 놓듯이' 잡는다.

손바닥 피부가 최소한으로 잡아당겨지는 방법으로 리프팅하려고 노력하라. 그 원리를 이해하라.

손가락들의 바로 아래 부분, 즉 굳은살이 잘 생기는 손바닥 부위에는 최소한의 부하가 가해지게 하라. 케틀벨 핸들이 손가락으로 걸어 잡은 부분에서 손바닥 기저의 두툼한 곳으로 건너뛰거나 스치듯이 이동하게 만든다. 핸들이 다시 손가락들 쪽으로 돌아갈 때도 굳은살 부위를 건너뛰거나 슬라이딩하듯이 스쳐 가게 한다. 이 습관은 손가락 아래 부분 피부가 핸들에 눌려 꼬집히는 일을 막아 준다.

굳은살이 두껍고 거칠어지지 않게 한다. 러시안 기르빅들은 밤에 뜨거운 물에 손을 담근 다음 부석을 이용해 굳은살을 얇고 부드럽게 만들었다. 그리고 마지막으로 유분 있는 크림이나 글리세린과 암모니아를 3 대 1의 비율로 섞어 발랐다. 꽃남들처럼 스킨케어 팁을 설명하려니, 민망하기 그지없다.

* 락아웃은 관절을 완전히 펴서 고정시키는 것이다. 여기서는 머리 위에서 팔꿈치 관절과 어깨 관절을 완전히 펴서 고정한다는 의미다.

** 명탐정 셜록 홈즈(Sherlock Holmes)가 동료 왓슨(Watson)에게 습관적으로 하는 말. 셜록 홈즈는 코난 도일이 쓴 추리소설 시리즈의 주인공이다.

더블 케틀벨 리프팅을 즐기고 극한의 악력 묘기를 선보이는 시니어 RKC 브렛 존스(Brett Jones)가 말하길, "콘허스커스(Cornhuskers) 로션을 사서 하루에 몇 번씩 발라라. 이 로션은 기름지지 않고 피부를 탄탄하게 컨디션 좋게 한다. 백 밤(Bag Balm)과 다른 유분 많은 로션은 밤에 사용하면 좋으며, 최고로 잘 흡수되게 하려면 잠자리에 들기 전에 바른 다음, 벙어리 장갑이나 양말 또는 건강상품이나 화장품점에서 파는 특별히 디자인된 장갑을 낀다."

"굳은살을 갈거나 밀어라. 손톱을 가는 줄(Emery board), 버핑 패드(buffing pad), 또는 고운 사포를 이용해 갈아 내면, 굳은살이 찢어지거나 벗겨질 정도로 두꺼워지지 않는다. 자주 정리한다면 굳은살 제거용 칼이나 면도기가 필요하지 않다. 굳은살 전체를 다 없애 버리는 게 아니다. 스내치나 다른 케틀벨 운동을 연습할 때 걸리거나 꼬집힐 만한 두꺼운 부분만 정리하면 된다. 어떤 이유로든 굳은살은 생기게 마련이다. 단지 찢어지지 않도록 정리하라."

"손이 하는 말을 들어라. 피부가 당기고, 욱신거리거나 물집이 잡히고 찢어지는 징조가 보이면, 손의 말에 귀를 기울이고 하던 걸 멈춰라. 손의 경고를 무시한 채 계속해서 손이 찢어지면 훈련 계획을 망쳐 버린다. 그것보다 손을 보호하기 위해 일찌감치 세트를 중단하는 편이 훨씬 낫다."

과거에는 체조, 파워리프팅, 그리고 현재는 케틀벨을 하면서 자신의 손을 거칠게 다뤄 온 시니어 RKC 마크 리프킨트(Mark Reifkind)가 권한다. "굳은살이 너무 두꺼워지거나 딱딱해지는 것을 해결하기 위해 체조에서 배운 기법들이다.

1) 최소 5분 동안 뜨거운 물에 손을 담근다. 욕조나 세면대에서 하는 게 좋다. 샤워는 너무 오래 걸린다.

2) 손을 말리고 30초 후 또는 혈색이 돌아올 때까지 기다린다.

3) 부석이나 사포 등으로 굳은살을 제거한다.

적은 노력으로도 손바닥 살이 좋아지고 평평해진다. 찢어지지 않게 보호하면 충분하다."

마크는 상태가 너무 심하거나 물집이 잡혔을 때 어떻게 해야 할지도 이야기한다.
"남은 굳은살에 최대한 가깝게 죽은 피부를 잘라 낸다. 깨끗이 하고 말린 다음 찢어진 부위에 네모난 애슬레틱 테이프(반드시 통기성이 있는 것)를 붙인다. 상처가 나을 때까지 둔다. 테이프가 젖거나 더러워지면 교체한다."

"공기가 통하므로 상처가 마를 수 있지만 이 방법을 쓰면 통기성 커버가 상처에 틈이 벌어지지 않을 만큼 습기를 유지해 준다. 상처를 덮는 이 테이프를 붙인 채 운동할 수도 있다."

워크아웃에 스내치가 있는데 손 상태가 좋지 않다면, 두 손 스윙으로 대체한다. 높은 습도에서 연습하는 것도 특별히 주의한다. 시니어 RKC 롭 로렌스가 조언하길, "습도가 높은 상태에선, 데드 스타일 스내치도 괜찮다. 손이 찢기지 않고 여러 세트를 할 수 있다. 스내치하고, 클린 랙으로 내리고, 바닥에 놓는다. 이것을 반복한다."

백스윙 부분이 제거된 것이다. 그리하여 대부분의 손바닥에 가해지는 피부 마찰 스트레스가 사라졌다. 날씨가 건조하더라도 맨손인데 손 상태가 나쁘다면 데드 스타일로 스내치할 수 있다.

1

2

데드 스내치는 올림픽 역도의 스내치(인상)와 비슷하다.

3

4

5

6

7

케틀벨을 만지기 전에 이 단원을 반드시 여러 차례 읽어라. 가장 좋은 방법은 매일 취침 전에 읽는 것이다. 감시탑 규격이나 그 주변 잔디의 최대 허용 높이 같은 잡다한 지식들로 가득찬 러시아의 군대 규정집처럼, 15분 내로 깊은 단잠에 빠지게 해주리라 장담한다.

CHAPTER II

새로운 RKC 프로그램 미니멈

스윙.

CHAPTER 2:

새로운 RKC 프로그램 미니멈

★ ★ ★

운동하기 전에 연습하라 : 길들이기

★ ★ ★

..... 공을 가지고 하는 훈련 .....

— 멘즈 저널 온 케틀벨즈 (Men's Journal on Kettlebells)

단련 시간이다. 지금부터 RKC의 두 핵심 수련 종목, 즉 스윙과 겟업을 끈기 있게 수련해 당신을 강인하게 만들어야 한다.

스윙은 그 이름이 암시하듯이 케틀벨을 다리 사이로 보냈다가 가슴 높이까지 올리고 다시 뒤로 보내는 동작이다. 스윙은 마치 점프할 때처럼 엉덩이를 써서 파워를 내는 움직임이다.

겟업은 시니어 RKC 스티브 맥스웰(Steve Maxwell)이 도입한 시스템인데 이름에 딱 들어맞는 운동이다. 등을 대고 누워서 한 팔 벤치 프레스의 마지막 자세처럼 케틀벨을 잡은 팔을 곧게 편다.

겟업.

팔을 저크(jerking)*하거나, 팔꿈치를 언락(unlock)하지 않고** 일어섰다가 다시 천천히 눕는다. 동작 내내 팔꿈치를 구부리지 않지만 겟업은 프레스의 범주에 들어간다. 그 이유는 머리 위로 올린 무게를 버티는 정적 과부하(static overload)가 놀랍게도 프레스 운동에 쓰이는 힘을 만들어 내기 때문이다.

3

2

1

스윙과 겟업에 대한 안전수칙과 세부사항을 먼저 공부한다. 《엔터 더 케틀벨!》 DVD를 여러 번 보라. 그런 다음 스윙과 겟업 두 운동과 자세교정 드릴을 거의 매일, 적어도 일주일에 3번은 연습한다. 연습이다! 운동하지 마라! 마치 사격 연습을 할 때 미숙한 기술이 완전히 무너지거나 타깃이 흐릿해 보일 정도가 되기 전에(즉, 지치기 전에) 연습을 멈추는 것과 같다. 하나의 드릴을 한두 번 반복하고 휴식하라. 다른 드릴을 몇 번 반복하고 좀 더 쉬고, 교정하는 드릴을 하라. 계속해서 이런 식으로 반복하라. 쉴 때 운동에 대한 설명을 읽거나 DVD를 반복해서 본다.*** 중요한 세부 사항들을 찾아서 형광펜을 긋고 필기하라.

하얗게 불태우려고 노력하지 마라. 어차피 그 시간은 금세 다가온다. 30분 정도의 연습이면 적당하다. 연습이 끝났을 때 기진맥진하지 않고 활기차야 한다. 또한 그 다음 날에 통증이 없어야 한다.

가능한 한 오랫동안 길들이기 프로그램을 지속하라. 인내하라.—당신은 도전적인 기술들을 연마하는 중이다. 마치 무술을 연마할 때처럼.

- ★ 스윙과 겟업의 안전수칙과 세부사항을 공부하라. DVD를 여러 번 시청하라.
- ★ 스윙과 겟업 그리고 교정 드릴들과 스트레치들을 거의 매일, 최소 주 3회 수련하라.
- ★ 연습하라, 운동하지 마라!
- ★ 30분 동안 연습하라. 연습이 끝날 때 기진맥진하지 않고 시작할 때보다 더 강해져야 한다.
- ★ 좋은 스윙과 좋은 겟업 테크닉을 발전시키기 위해서 가능한 한 오래 길들이기 프로그램을 수련하라.
- ★ 리프팅이든 선수용 훈련이든 하고 있던 것을 병행해도 된다.

* 역도의 용상 동작. 어깨에서 순간적으로 반동을 이용해 밀어 올리는 자세를 말한다.
** 팔꿈치를 구부리지 않고, 쭉 펴고.
*** 케틀벨 동작 영상은 www.schoolofmovement.org에서 볼 수 있다.

48
kg

★ ★ ★ 스윙—하체와 지치지 않는 체력을 위한! ★ ★ ★

고반복의 케틀벨 볼리스틱 훈련은 펀치를 날리지 않고 하는 격투 훈련에 가깝다.

— FBI 테러방지 요원
(A Federal Counterterrorist Operator)

1

케틀벨 스윙보다 더 유용한 운동 한 가지(케틀벨로 하든 아니든)를 찾아보라! 시니어 RKC 지도자이자 브라질리안 주짓수 세계 챔피언인 스티브 맥스웰은 완벽한 케틀벨 스윙 하나가 다른 99%의 정교한 스트렝쓰와 컨디셔닝 프로그램*보다 더 우수하다고 단언한다.

스윙은 그 이름처럼, 케틀벨을 다리 사이로 보냈다가 가슴 높이까지 흔드는 동작이다. 팔은 곧게 펴되 느슨해야 한다. 파워는 엉덩이에서 만들어 낸다. 움직임이 마치 수직 점프와 같다. 다만 에너지가 몸을 위로 들어 올리는 데 쓰이지 않고 케틀벨을 향해 발사되는 점이 다를 뿐이다.

* strength & conditioning 즉, 힘과 체력을 기르기 위한 프로그램.

과제 : 스윙

상황 :

케틀벨을 다리 사이의 뒤로 보낸 다음, 몸 앞으로 보내 가슴 높이까지 올리는 동작을 반복할 수 있어야 한다.

스윙.

절차 :

1. 스윙을 할 때나 케틀벨을 들 때나 내려놓을 때 박스 스쿼트의 정렬을 유지한다.
   a) 고개를 숙이지 않는다.
   b) 등을 곧게 편다.
   c) 아래로 내리는 것이 아니라 뒤로 앉는다.
2. 선 자세에서 엉덩이와 무릎을 완전히 편다. 몸은 반드시 일직선이 돼야 한다.
3. 스윙의 선 자세에서 팔은 반드시 펴되 느슨해야 한다. 그러면 케틀벨이 곧게 편 팔의 연장선에 놓이게 될 것이다.

스윙 마스터하기 STEP #1: 박스 스쿼트

박스 스쿼트는 의자에 앉는 것과 비슷하다. 파워 리프터들은 스쿼트의 깊이, 유연성, 테크닉과 파워를 향상시키기 위해 이 드릴을 발명했다. 이 드릴은 당신에게도 효과가 있을 것이다.

먼저 고관절 접기(hinge) 드릴을 다시 하겠다. 손날을 대퇴부 상부의 접히는 부분에 댄다. 손으로 경첩과 같은 이 부분을 강하게 누르고 체중을 발뒤꿈치에 실으면서 엉덩이를 뒤로 뺀다. 마치 싯업을 할 때처럼 경첩 부분의 근육 즉, 고관절굴근의 조임이 느껴져야 한다.

손으로 경첩 부분을 강하게 누르고
체중을 발뒤꿈치에 실으면서 엉덩이를 뒤로 뺀다.

이제 케틀벨 손잡이의 옆을 잡아 몸 앞쪽에 둔다. 이 케틀벨은 균형을 잡기 위해 필요하며, 적어도 초기에는 꼭 필요하다. 튼튼한 벤치나 박스를 뒤에 두고 한 발짝 정도 앞에 선다. 고관절을 접어서 엉덩이를 뒤로 밀어낸다.

균형을 잡기 위해 케틀벨을 들 수 있다.

박스 스쿼트.

박스 스쿼트를 이렇게 하면 안 된다.
푸샵 50회 실시!

엉덩이를 뒤로 계속 뺀다. 무릎이 구부려지겠지만 그것은 단지 나중에 따라오는 것이다. 엉덩이를 먼저 움직여라!

무릎이 앞으로 나가지 않게 한다. 가장 좋은 동작은 정강이가 수직에 가깝게 되도록 하는 것이다. 만약 내려갈 때 슬굴곡근(hamstrings)이 짧아진다고 느껴지면 박스 스쿼트를 잘못하고 있는 것이다. 스키 부츠를 신고 발목을 구부릴 수 없는 모습을 상상해 보라. 어떨까? 고관절을 접는 법을 익힐 수밖에 없다.

무릎을 절대 안으로 오므리지 않는다. 무릎은 발과 같은 방향으로 따라 움직여야 하며, 발은 살짝 바깥쪽을 향하게 한다.

엉덩이를 뒤로 빼고 몸이 앞쪽으로 더 많이 접힌다는 점만 제외하면, 면벽 스쿼트의 움직임과 비슷하다.

균형을 잡기 위해 케틀벨을 앞으로 밀면서 뒤로 앉는다.

아래로 앉는 게 아니다. 뒤로 앉아라!

몸의 뒷면이 박스에 부드럽게 내릴 때까지 뒤로 앉는다. 단 1인치도 떨어지듯이 내리면 안 된다.* 내려가는 동작 내내 통제해야 한다! 대퇴부의 맨 위쪽**에서는 꽉 조여짐이 느껴지고 슬굴곡근에서는 쫙 늘려짐이 느껴진다면 제대로 하고 있는 것이다.

이제 일어서자.

흔들의자에 앉듯이 상체를 뒤로 기울인다.(그림 4) 순간적으로 다시 상체를 앞으로 기울이고 일어나라.(그림 5,6) 일어날 땐, 다음 사항에 유의하라.

첫째, 발목을 X자로 모으거나 발뒤꿈치를 들거나 발을 뒤로 움직이지 마라. 정강이를 거의 수직이 되게 한 상태에서 진짜 나무가 된 것처럼 발을 단단히 뿌리박아라. 무릎까지 시멘트를 바른 것처럼 단단히 고정시켜야 함을 꼭 기억하자.

둘째, 몸을 접어서 상체를 앞으로 내민다. 만약 아까 지시받은 대로 발을 멀찍이 앞에 놓았다면, 상체가 수직인 상태 그대로(사진 4) 일어서려는 노력은 헛수고가 된다. 물리학의 기본 법칙에 도전하는 셈이다.

체중이 발에 실림을 느끼는 순간, 발로 강하게 지면을 내리누른다.

양쪽 둔근으로 동전을 꽉 조일 수 있을 만큼 둔근을 긴장시키고, 일어설 때까지 엉덩이를 앞으로 밀어낸다. 슬개골을 끌어올려서 무릎을 락아웃시킨다. 둔근을 꽉 조여서 힙을 락아웃시킨다. 절대 앞쪽으로 스쿠핑(scooping)*** 하지 마라! 지시사항을 완전히 무시할 때만 그렇게 무릎이 앞으로 미끄러져 나오는 것이다. 벌칙으로 푸샵 50회를 하라! 그러고 나서 정강이가 앞으로 나오지 못하게 손으로 제지해 줄 사람을 구하라.

박스 스쿼트를 하는 방법을 지나치게 세세하게 설명한다고 여겨지면, 세세한 것에 집중하는 행위야말로 이 프로그램 혹은 다른 모든 유용한 프로그램들을 만든다는 것을 깨닫기 바란다. 할 만한 가치가 있는 것은 제대로 해야만 한다. 그리고 박스 스쿼트를 완벽히 이해하고 나면 남은 드릴들의 기초를 대부분 세운 것이고, 배우고 마스터하는 일이 식은 죽 먹기처럼 수월해질 것이다.

---

* 파벨은 완벽한 연착륙을 요구하고 있다. 2.5cm 상공에서라도 박스 위로 추락하지 말라는 뜻이다.

** 삼각팬티 라인쯤 되는 위치. 척추와 다리뼈를 연결하는 장요근 등 고관절굴근들이 있다.

*** 1장 각주 참조.

스윙 마스터하기 STEP #2: 박스 스쿼트에서 수직 점프로

박스 스쿼트를 책대로 실시한 다음 엉덩이로 추진해 몸을 앞으로 밀어내며 수직으로 점프한다. 숙련된 버티컬 점프는 케틀벨 스윙, 클린, 스내치와 같다. 즉 시작점에서 둔근을 최대치로 확장시켜서 공격적으로 장전했다가 위쪽으로 계속 강하게 쏘아 올리는 것이다. 몇 번 해봐라. 그리고 파워를 느껴라. 점프를 절도 있게, 그리고 강하게 할 수 있을 때까지 스윙을 시작하지 마라.

점프가 교정되고 나면 스윙이 쉬워질 것이다.

박스 스쿼트에서 수직 점프로.

스윙 마스터 하기 STEP #3: 타월 스윙

RKC의 씽크 탱크는 교수법을 효율적으로 만들기 위해 끈질기게 노력하고 있다. 이를테면 오늘 보여 줄 타월 스윙 드릴 같은 걸 만들어 내는 노력 말이다. 이 테크닉은 RKC이자 시카고의 풀 컨택 가라데 선수인 스테판 트로이(Stephen Troy)가 만들어 냈다. 이 방법은 최소한의 지도로 학생들에게 거의 대부분의 테크닉을 익히게 한다. 부작용도 없다.

트로이는 설명한다. "스윙에서 엉덩이를 이용해 케틀벨을 위로 보낼 때 팔은 마치 케틀벨에 부착된 로프처럼 돼야 한다." "벨이 호를 그리는 내내 팔에서 직선으로 뻗어 나와 있어야 한다. 많은 초보 리프터들이, 특히 가슴이 큰 남성의 경우 케틀벨 스윙에서 가슴을 펴는 게 잘 안 돼서 케틀벨을 상체의 스트렝쓰에 의존해 들어 올리는 경우가 있다."

"팔로 하지 않고 정확하게 스윙하려면 리프팅 스트랩이나 매우 짧은 로프(혹은 타월)를 케틀벨 핸들에 건다."

"스윙을 몇 번 해본다. 엉덩이로 중량을 조절하고 있다면 벨, 로프, 팔이 동작 내내 일직선상에 있어야 한다. 팔로 하고 있다면, 손이 스트랩이나 벨보다 위로 올라갈 것이다."

1

2

케틀벨이 타월에 매달려 있는 것만 빼면 타월 스윙은 두 손으로 잡고 하는 스윙과 똑같다. 타월은 실수를 부풀려 보여 주는 역할을 한다. 그래서 단 몇 분 내로 피드백을 제공하고, 스윙을 바르게 하는 방법을 가르쳐 준다.

요약하면, 스윙은 케틀벨을 다리 사이로 뒤로 보냈다가(미식축구의 하이크 패스를 떠올려라.) 다시 몸 앞으로 보낸다. 전통적인 스윙은 가슴 높이까지 보낸다. 그러나 지금 수준에서 너무 까다롭게 굴 필요는 없다. 팔과 어깨를 계속 이완하라. 엉덩이로 운전하라. 심지어 하이크 패스할 때도 팔이 아니라 엉덩이에 집중하라. 마치 폭발적으로 박스 스쿼트를 할 때처럼, 강하게 힙 접기(hinge)를 하면서 케틀벨을 뒤로 '던져라'.

엉덩이를 '스냅' 하고 무릎을 똑바르게 펴는 것이다(절대 과신전하는 게 아니다).

타월 스윙.

다시 한 번 말하지만, 무릎을 끌어올리는 거다. 뒤로 보내는 게 아니다. 슬개골을 끌어올려라.

스모 데드리프트의 모든 체크포인트를 적용하라(1장 참조).

스윙을 시작하자! 자세가 엉망이 되거나 케틀벨에 몸이 끌려다니기 시작하면 밸런스를 잃은 것이다. 케틀벨을 떨어뜨려 버려라!

숨을 참지 마라. 동작 중 어떻게 호흡을 해야 하는지를 지금은 일단 따로 설명하지 않겠다. 그냥 편안하게 호흡하라. 움직임과 조화를 이루는 정도면 이상적이다.

타월 스윙의 묘미는 분명한 피드백이 제공된다는 점이다. 심지어 어떤 부분을 교정해야 하는지 정확히 모르더라도 팔, 타월, 케틀벨이 일직선상에 놓이도록 하는 도중 겪는 시행착오들을 통해서 이해할 수 있게 된다. 데드리프트와 수직 점프에서 한 것처럼 전신을 정렬하는 것을 잊지 마라.

트로이는 "내 워크샵에 참가한 사람 중 스윙에 문제를 갖고 있는 대부분의 사람들이 이 방법을 통해 몇 분 내에 스스로 교정할 수 있었다"고 말한다.

5

틀렸다.

틀렸다.

당신은 스윙의 선 자세에서 두 개의 일직선을 만들고 있는가?

★ 팔—타월—케틀벨

★ 다리—상체—머리

이와 같은 두 개의 직선을 만드는 데 성공한다면 일반적인 스윙을 할 준비가 된 것이다.

그러나 더 능숙하게 해내려면 타이밍이 중요하다. 엉덩이가 '발사'한 순간과 케틀벨이 '띄워지는 순간' 사이에 마치 펀치를 칠 때처럼, 시간 차가 존재함을 금세 알아차리게 될 것이다. 타월은 이 미묘한 시간 차를 잘 드러나게 해준다. 스윙을 하면서 힘쓰는 타이밍에 주의를 기울여라. 정점에 이른 순간에 케틀벨이 무게감 없이 떠 있도록 하라.

엉덩이를 폭발적으로 움직이되, 케틀벨로 돌진하지 마라.* 케틀벨이 따라오게 둬라. 엉덩이에서 발사한 힘이 마치 물결처럼 몸으로 올라가게 내버려 둬라. 성급하게 케틀벨을 휘두르는 것은 마치 팔로 펀치를 치는 것과 같다. 즉 의미가 없다.**

타이밍 잡기를 좀 더 연습하라. 몸을 스쿠핑하거나 팔로 잡아당기지 말고, 케틀벨이 허리와 머리 사이의 특정한 높이에 가도록 한다.

* 정신없이 튕겨 대는 것은 결코 스윙이 아니다. 둔근을 근육의 결을 따라서 최대한 늘리고 다시 조여 주는 것이 스윙이다.

** 둔부의 회전력이 등을 타고 올라가 주먹까지 전달되는 것이 효과적인 펀치다.

스윙 마스터하기 STEP #4: 제대로 된 스윙

타월 스윙을 마스터했다면 이제 일반적인 스윙을 할 준비가 되었다. 한 발자국 정도 케틀벨 뒤에 섰다가 뒤로 앉아서 양손으로 케틀벨의 핸들을 잡아라. 무게를 발뒤꿈치에 싣고(중요하다!) 케틀벨을 가랑이에 매우 가깝게 뒤로 하이크 패스하라. 엉덩이로 운전해서 스윙을 시작하라.

두 손 스윙.

자, 이제 바른 호흡을 익혀 보자.

스윙이 한 회 한 회 끝낼 때마다 해당 횟수를 크게 외쳐 보라.

사실, '백이십칠(원헌드레드투웬티세븐)'과 같이 긴 숫자를 빠르고 정확하게 외치기는 쉽지 않다. 하지만 스윙을 그렇게나 많이 반복하는 시기라면, 이미 당신은 자세와 호흡을 충분히 일치시켰을 것이다. 그러니 그땐 숫자를 외치지 않는다.

궁극적으로 해내야 하는 방식은 각 스윙의 마지막과 날카롭게 내쉬는 숨이 일치하게 호흡하는 것이다. 이것은 복서나 격투가들이 펀치를 칠 때 숨을 내뱉은 것과 같은 방식이다. 공기를 모두 내뱉지 말아야 한다. 그러면 약해지고 허리가 불안정해진다. '크', '흐읍', '크으', '츠으' 같은 소리가 새어 나올 정도의 호흡이 적당하다.

케틀벨을 다리 뒤로 보내 거의 마지막에 이르렀을 때 코로 날카롭게 숨을 들이마신다. 처음에는 쉽지 않지만, 선 자세에서 횟수를 외치다 보면 될 것이다.

세트를 마치고 케틀벨을 내려놓을 때 조심해야 한다. 자연스럽게 백스윙 방향으로 벨이 따라가게 했다가 다시 살짝 앞으로 가도록(즉, 자연스러운 진자운동처럼) 내버려 둔 뒤 몸 앞에 내려놓는다. 허리를 구부리거나 케틀벨을 발가락 위로 굴리면 안 된다! 안전하게 내려놓을 때까지 긴장을 풀지 마라.

케틀벨을 안전하게 내려놓을 때까지 긴장을 풀지 마라.

1

이제 준비가 됐다 싶으면 한 손 스윙으로 넘어간다. 케틀벨의 핸들을 꽉 움켜쥐지 말고 손가락들을 핸들에 걸어라. 팔과 어깨는 최대한 이완하라. 팔을 로프에 비유한 것을 잊지 마라. 케틀벨을 들지 않은 손의 움직임도 명확히 유지하라. 그 손으로 무릎을 짚으려는 것을 다 안다! 까불지 마라! 빅 브라더*가 보고 있다.

* Big Brother. 조지 오웰의 소설 《1984년》에 나오는 전체주의 사회의 절대 감시자.

2

한 손 스윙.

핸드 투 핸드 스윙(hand-to-hand swing) 단계로는 금세 넘어갈 수 있을 것이다. 케틀벨을 스윙의 가장 높은 지점에서 놓았다가 그대로 공중에서 반대 손으로 잡는다. 케틀벨이 몸에서 너무 멀리 떨어져 버려 손을 앞으로 쭉 뻗어서 잡아야 한다면, 차라리 그냥 떨어지게 내버려 둬라! 당신의 허리에 그것이 더 유익하다.

마치 가라데 펀치를 하듯이 절도 있게 움직여라.

1

3

2

핸드 투 핸드 스윙.

48
kg

★ ★ ★

겟업
—충격을 버텨 내거나, 전신으로 분산시킬 수 있는 어깨를 만들기 위한!

★ ★ ★

한 손 겟업은 지난날 스트롱맨들이
각광받던 시절에 스트렝쓰를 평가하는
일반적인 테스트였다……
겟업은 항상 공연에서 히트를 쳤다.
선수들이 보여 주는,
무거운 케틀벨을 이용한
한 팔 겟업은 확실히 엄청난 스트렝쓰를
의미했기 때문이다.

— 지그문트 클레인(Siegmund Klein),
아메리칸 스트렝쓰의 전설

우리 커뮤니티에서는 케틀벨 겟업을 통해 기적적인 어깨 재활을 한 경우가 매우 많다. 오랫동안 혹사당한—그래서 은퇴하고 골프나 치려고 했던—강한 사내들을 여전히 현역으로 머물게 만들었다.

게다가 케틀벨 겟업은 어깨의 가동성(Mobility)과 안정성(Stability)을 놀라울 만큼 향상시킨다. 이 두 능력은 격투와 스포츠에서 몸에 가해지는 충격을 이겨 내는데 핵심적인 요소다. 동시에 몸이 충격을 전신으로 분산시키는 자세를 취하고, 그것을 버텨 낼 때 사용되는 힘을 기르는 데도 핵심적인 역할을 한다. 우리의 케틀벨 프레스 전문가 시니어 RKC 마이크 마흘러(Mike Mahler)는 고중량 겟업을 시작하자, 고중량 프레스의 무게가 한층 더 올라갔다고 한다. 그리고 시니어 RKC 브렛 존스(Brett Jones)는 '비스트(the Beast)'라 불리는 48kg 케틀벨로 겟업을 시작하자 밀리터리 프레스의 힘도 급속히 발전했다고 한다.

과제 : 겟업

상황 :

등을 대고 누워 케틀벨을 양손으로 쥔 다음 한 손으로 프레스해야 한다. 케틀벨을 든 팔을 곧게 수직으로 펴고 천천히 일어선다. 반대쪽 팔로는 바닥을 밀며 몸을 일으킨다.

겟업.

1

겟업의 연속 동작.

2

절차 :

1. 처음 바닥에서 시작할 때와 다시 돌아와 바닥으로 내려와서 끝날 때 모두 양손으로 케틀벨을 들어라.(팔꿈치 안전의 문제*)
2. 동작 내내 케틀벨로 손목이 과신전되거나 스트레스를 받아서는 안 된다. 케틀벨의 핸들이 손바닥의 아랫부분에 오게 하고 손목을 단단히 고정시켜라.
3. 팔꿈치를 락아웃시키고 세트 내내 그 상태를 유지하라.
4. 어깨를 소켓 안에 집어넣고 계속 유지하라. 특히 다른 동작으로 연결될 때 주의하라.
5. 덜컹거리며 급하게 내려오지 말고, 아주 천천히 내려오라.
6. 아주 무거운 케틀벨을 들고 해서는 안 되거나 할 수 없는 동작들은 하지 마라. 즉, 동작 내내 팔을 수직으로 유지한 채 케틀벨과 전신을 완벽히 통제해야 함을 뜻한다.

3

4

* 이때 무리하게 한 팔로 케틀벨을 들면 팔씨름의 '브로큰 암 포지션'이 돼 팔꿈치를 다칠 수 있다.

겟업 마스터하기 STEP #1: 안전하게 케틀벨을 들었다 내려놓기

케틀벨을 들고 일어서기 전에 먼저 바닥에서 케틀벨을 들 수 있어야 한다.

먼저 케틀벨 안전수칙 중 하나를 떠올려 보자.

"매우 무거운 케틀벨을 들고서는, 해서 안 되거나, 할 수 없는 동작은 그 어떤 것도 하지 않는다."

그러고는 생각 실험(mental experiment)을 해보자. 만약 등을 대고 누운 상태에서 옆에 있는 48kg 케틀벨을 한 손으로 억지로 들어 올리려고 한다면 무슨 일이 벌어질까? 당신이 팔씨름의 '포스트 업'* 기술에 익숙하지 않는 한, 팔꿈치 안쪽이 뒤틀릴 것이다. 그러니 케틀벨을 양손으로 들어야만 한다.

오른손 겟업을 한다고 치자.

먼저 오른쪽 갈비뼈 옆에 케틀벨을 놓고, 컬 하듯이 오른손으로 손잡이를 감싸 쥔 다음 왼손으로 오른손을 감싼다. 이렇게 양손 사격 그립으로 케틀벨을 최대한 몸 가까이에 붙여 가슴 쪽으로 가져온다. 꼭 왼손을 함께 써라.

이제 오른쪽으로 돌아누워, 오른손을 손잡이 안쪽으로 깊게 찔러 넣는다. 케틀벨의 무게 때문에 손목이 과신전되지 않도록 손목을 거위목처럼 살짝 전완 안쪽을 향해 구부린다. 손잡이를 너무 꽉 쥐지는 않는다. 동작 내내 이 상태를 유지한다.

케틀벨을 오른쪽 가슴 위로 프레스한다. 어깨를 바닥으로 그리고 발쪽으로 눌러 내린다.

내려오는 동작은 순서를 그대로 거꾸로 해야 한다. 케틀벨을 쥐지 않은 손으로 쥔 손을 감싼 다음 가슴으로 내리고, 몸을 옆으로 돌려 바닥에 케틀벨을 내려놓는다. 서두르지 마라!

케틀벨을 들고 내려놓는 방법.
48kg짜리 케틀벨로 해볼 의향이 있나?

* 상대 선수에게 손목을 꺾이지 않도록 유지해 자신의 의도대로 기술을 쓸 수 있게 하는 테크닉.

겟업 마스터하기 STEP #2: 팔꿈치를 곧게 뻗고 어깨는 소켓에 집어넣는다

아엥가 요가(Iyengar Yoga)의 탁월한 시각화 방법이 있다. 잠긴 팔꿈치에 '힘의 원천'을 시각화한다. 에너지가 위로는 전완, 아래로는 어깨로 전달된다. 동시에 팔은 케틀벨을 향해 '길어지며' '어깨의 소켓 안으로 강하게 박힌다'. 겟업과 '겟다운'을 하는 동안 이 이미지를 유지하라.

겟업 마스터하기 STEP #3: 하프 겟업

오른쪽 무릎을 구부리고 발을 뿌리박는다. 오른발로 밀어내며 왼팔꿈치를 받침대로 쓰며 밀어내며—RKC 조쉬 헨킨(Josh Henkin)은 팔꿈치가 '중심축'이 돼야 한다고 말한다.*—천천히 일어나 앉는다. 팔을 곧게 수직으로 펴고 케틀벨을 바라본다. 어깨는 소켓 안으로 집어넣는다! 복부를 단단히 조이고 얕게 숨쉰다.

첫 회에서 싯업(sit-up)을 하는 것은 괜찮다. 거꾸로 내려갈 땐 매우 천천히 하라. 케틀벨을 바닥에 쾅하고 내려놓지 마라. 잘못하면 케틀벨이 몸 위로 떨어져 압사당할 수 있다!

하프 겟업.

2

복사근과 광배근을 수축하라.

1

* 발전된 겟업은 〈케틀벨 퀵 리절트〉와 www.schoolofmovement.org에서 볼 수 있다.

몇 년 전 RKC 지도자과정에서 우리는 퇴역한 델타포스 요원 밑에서 일하는, 멕시코에서 가장 큰 회사의 보디가드들을 가르친 적이 있다. 그때 학생 중 한 명이었던 마리오(Mario)는 높은 랭킹의 멕시칸 킥복서이자 피지컬 테라피스트였다. 나중에 그에게서 이런 말을 들었다. 그는 겟업의 시작 자세(반대쪽 팔꿈치로 중심축을 잡아 하프 싯업하는 자세) 만으로도 많은 어깨 부상을 고쳤다는 것이다.

3

하프 겟업.

겟업 마스터하기 STEP #4: 겟업을 끝마치기

일어나 앉는 데 성공했다면 이제 일어설 차례다. 안전하기만 하다면 당신이 원하는 어떤 방법이라도 괜찮다. 중요한 것은 부드럽고 매끄럽게 움직이는 것이다. 다음 동작을 들어갈 때 급하게 덜컹거리며 움직이지 마라.

이 책에 나온 대로 팔을 완벽히 곧게 수직으로 펴서 전체 겟업을 하는 것은 힘든 일이 될 것이다. 문제없다. 자신이 할 수 있는 만큼 높이 하고 점진적으로 발전시켜야 한다. 서두르지 마라! 명심하라! 겟업은 운동이지, 경쟁하는 리프팅이 아니다. 만약 테스토스테론이 넘쳐흐른다면, 고강도의 스윙 세트에 써라.

하프 겟업의 연속 동작.

4

몸을 더 확실히 펴기 위해서 케틀벨 쪽으로 몸을 쭉 펴 준다. 그러면서 팔을 귀 가까이로 가져간다(귀가 팔쪽으로 오는 것이 아니다). RKC 안쏘니 디루글리오(Anthony Diluglio)의 철봉 드릴을 다시 확인하기에 좋은 시점이다.

5

겟업의 나머지 부분.

7

6

마지막으로, 동작을 거꾸로 실시한다. 긴장을 늦추지 마라. 전형적인 실수는 내려가면서 팔꿈치를 구부리는 것이다. 이것을 피하기 위해서 내려갈 때 케틀벨에서 '몸을 멀리 밀어낸다'.

겟업을 하면 어깨가 얼마나 좋아지는지 (하기 전에는) 믿지 못할 것이다!

8

9

10

어깨가 얼마나 좋아지는지 믿지 못할 것이다!

11

★ 손목이 탄탄한가?
★ 팔꿈치가 펴지고 고정됐는가?
★ 어깨가 소켓 안에 박혀 있는가?
★ 팔이 수직인가?
★ 매끄럽게 움직이는가?
★ 방금 한 동작 그대로 48kg 케틀벨로 할 자신이 있나? 그만큼 정확한가?

12

13

48
kg

★ ★ ★ 새로운 RKC 프로그램 미니멈 ★ ★ ★

단순하지만 무시무시하다.

— 미국 대통령 비밀 경호국* 암살방어팀 (U.S. Secret Service Counter Assault Team)에 소속된 RKC 훈련 교관

과거에 공산주의자들이 쿠데타를 모의했을 무렵, 그들은 전체 장악을 위한 프로그램 맥시멈과 당면한 주요 문제를 위한 프로그램 미니멈 모두를 가지고 있었다.

새로운 RKC 프로그램 미니멈은 다음 사항을 공략한다.

- ★ **세계 정상급 격투가로서의 체력**
- ★ **수치스러운 유산소 운동 없이 빠르게 지방 감소**
- ★ **강철 같은 등**
- ★ **근육질이면서 유연하고 탄력적인 어깨**
- ★ **다른 RKC 훈련에 필요한 기술의 토대 형성**

목표와 상관없이 심플한 스윙과 겟업 훈련 루틴은 RKC 트레이닝의 강력한 기초를 형성한다. 80% 또는 그 이상의 수익은 20%의 고객에서 나온다는 상투적인 세일즈 문구가 케틀벨 트레이닝에도 그대로 적용된다.

"이 두 가지 케틀벨 운동으로 얻어지는 효과가 케틀벨 운동으로 얻어지는 효과 중 가장 큰 부분을 차지할 것이다." 스윙은 등과 다리, 심장과 폐를 단련한다. 겟업은 어깨를 유연하고 탄력있게 해 운동을 할 수 있게 준비시키고 전통적으로 샌드백 치기, 그래플링, 고중량 프레스와 저크 등의 스포츠 기술에 도움을 준다.

---

* USSS : 미국 Department of Homeland Security(국토안전부) 산하 비밀 경호국. 대통령 경호와 대테러 임무에 관해 FBI, CIA, 미군, 경찰을 지휘/통제할 수 있는 막강한 기관이다.

나도 스윙과 겟업을 넣은 여러 방법과 루틴을 실험해 보았는데, RKC 스티브 바카리(Steve Baccari)가 자신이 가르친 그레플러들을 위해 만든 '단순하지만 무시무시한' S&C* 루틴보다 더 좋은 것은 발견하지 못했다.

★ 주 2회, 각 12분. 미국 에너지국의 '맨 메이커(Man Maker)'.

맨 메이커는 예비역 그린 베레(Green Beret)인 RKC 빌 컬랜(Bill Cullen)이 고안하여 FBI 아카데미에 도입했던, 간단하지만 매우 힘든 워크아웃이다. 기본적인 형태는 간단하다. 고반복 케틀벨 드릴(우리의 경우 스윙)과 몇 백 야드의 조깅을 교대로 실시한다.
스윙을 할 때 거의 항상 '컴포터블 스탑'**을 하고, 아주 가끔 매우 힘든 수준까지 몰아붙인다. 조깅할 때는 강하게 달리지 않는다. 능동적인 회복***을 위해 가볍게 조깅한다. 시니어 RKC 마이크 마흘러는 조깅보다 줄넘기를 더 좋아하는데, 좋은 선택사항이다.

★ 주 2회. 5분 동안 연속해서 겟업하기. 매번 좌우 번갈아서.

스티브 바카리의 겟업 루틴은 텐션을 통해 어깨에 강한 근육을 만들 시간을 충분히 주면서도 매회 끝나고 회복할 수 있을 만큼 안정적이어서 어깨를 안전하게 한다.

겟업의 횟수를 세거나 특히! 최고 기록을 세우려는 게 얼마나 나쁜 생각인지 부디 알아 두라. 겟업에서 필요한 것은 속도가 아니라 정교함이다. 만약 몇 번 하지 못 했더라도 어깨가 더 강해지는 데 필요한 만큼의 충분한 시간 동안 긴장 상태를 유지한 것이다. 브라질리언 그레플러 바카리는 이 루틴이 놀랄 만큼 어깨와 등을 발달시켰다고 말했다.

5나 12라는 숫자가 마법을 부리는 게 아니라는 점을 명심하라. 이 숫자들은 그냥 시작의 예시로 주어졌다. 더 늘리거나 줄일 수도 있다. "나는 5분을 선택했다. 왜냐하면 스파링과 시합의 한 라운드가 5분이기 때문이다." 바카리가 설명했다.
"12분의 맨 메이커에 대해 말하자면, 대부분의 남성들은 10분이 한계다. 그래서 나는 한 단계 올린 것이다. 그들의 대부분은 이제 15분 정도 하고 있다."

* Strength & Conditioning
** confortable stop 자세가 무너지거나 힘이 다 빠지기 전에 편하게 멈춘다.
*** 앉아서 쉬면서 회복하는 게 아니라 움직이면서 심박을 떨어뜨린다. 1장 참조.

새로운 RKC 프로그램 미니멈 요약

- 주 2회, 스윙과 회복을 위한 가벼운 조깅을 한 세트로 번갈아 12분 동안 하라.
- 스윙을 할 때 '컴포터블 스탭'을 지켜라. 컨디션이 좋을 때도 가끔씩만 전력을 다하라.
- 조깅할 때 '털어 내기(shake out)'를 하며 젖산과 긴장을 털어 내라. 이완하라! 여기서 하는 조깅은 적극적인 회복이지 체력훈련이 아니다.
- 주 2회, 매 회마다 좌우 손을 바꿔서 5분 동안 겟업을 하라.
- 횟수는 신경 쓰지 마라. 완벽한 테크닉에 초점을 맞춰라. 겟업 횟수를 세지 마라. 기록을 세우려고 노력하지 마라!
- 자신이 원하는 대로 주간 계획을 세워라. 예를 들면, 월/목요일 : 스윙, 화/금요일 : 겟업, 또는 월/목요일 : 겟업, 화/토요일 : 스윙 이런 식으로. 만약 스윙이나 겟업 날을 추가하고 싶다면 그렇게 하라.
- 각각의 운동 전에 10분 동안 면벽 스쿼트, 헤일로, 펌프를 한다.
- 숙련된 스트렝쓰 선수가 아니라면, 다른 리프팅은 하지 않는다.

스윙.

겟업.

다음 단계

*동지, RKC 프로그램 미니멈을 마음껏 즐겼다면, 다음 장에 있는 하드코어 운동들(클린, 프레스, 스내치)을 '워크아웃'*하기 전에 '연습'을 시작하자.*

클린, 프레스, 스내치를 "연습"하라. "워크아웃"하지 마라! RKC 프로그램 미니멈을 주 4회로 할 때 매번 그 전에 15분을 할당한다. 즉 면벽 스쿼트, 헤일로, 펌프를 하고 나서 15분 동안 클린, 프레스, 스내치 연습을 몇 번 하고 쉬고 조금 더 연습한다. 한계지점에 가깝게 하지 마라. 심지어 50% 강도도 안 되게 하라. 케틀벨 클린, 프레스, 스내치는 테크닉과 유연성 모두 많이 요구된다. 시간이 필요하다. 몇 주 혹은 몇 달이 될 수 있다. 급하게 굴지 마라. 당신은 여전히 RKC 프로그램 미니멈을 통해서 스트렝쓰와 컨디셔닝을 향상시키는 중이다.

클린, 프레스, 스내치가 완벽해진 다음에만 다음 단원에 나오는 RKC가 되기 위한 통과의례 훈련을 시작해도 좋다. 러시안 케틀벨은 집중하지 않는 것을 결코 용서치 않는다.

러시안 케틀벨이 당신에게 파워를!

* 파벨은 workout의 의미를 정확히 구분해서 썼다. 첫째, 운동, 둘째, 어떤 운동 프로그램을 수행하기. 그래서 두 번째 의미의 경우 그대로 '워크아웃'으로 표기했다.

CHAPTER III

RKC가 되기 위한 통과의례

48
kg

CHAPTER 3:

RKC가 되기 위한 통과의례

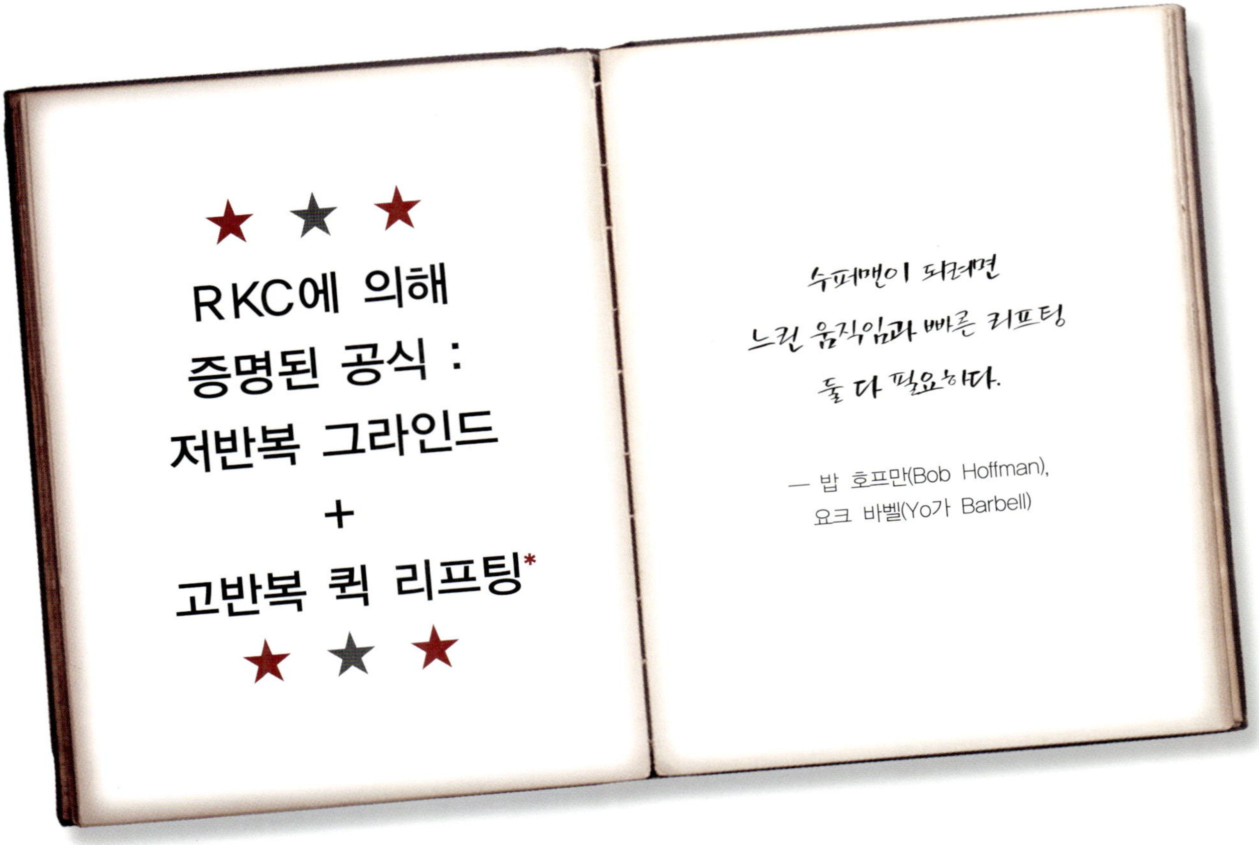

저반복 스트렝쓰 훈련에 중점을 두는 방법이 RKC 시스템을 차별화한다. 군인이나 격투가들을 목표로 하는 대부분의 스트렝쓰와 컨디셔닝 방법론은 근력 단련은 소홀히 하면서 컨디셔닝에 중점을 두었다. 아마도 컨디셔닝이 근력강화보다 훈련자를 몰아붙이기가 쉽기 때문일 것이다. RKC 수련자들은 컨디셔닝 훈련도 따로 수행하지만 근력 훈련을 항상 우선순위에 둔다.

그럼 '슬로우 스트렝쓰(Slow Strength)'**에 입문해 보자.

아주 무거운 무게로 시행되는 저반복 훈련은 스트렝쓰 훈련과 컨디셔닝 훈련 세계에선 서자취급을 받곤 한다. 사실 프로든 아마추어든 하나같이 저반복의 '슬로우 스트렝쓰' 훈련을 겁낸다. 결국에는 슬로우 스트렝쓰 훈련이 느려지게 만드는 게 아닐까? 컨디셔닝 훈련은 어디로 간 걸까?

* RKC가 되기 위한 통과의례가 바로 RKC 공식을 해내는 것이다. 슬로우 리프팅 + 퀵 리프팅.
** 데드리프트나 밀리터리 프레스처럼 천천히 그리고 강하게 시행되는 리프팅 훈련을 총칭한다. 여기서는 주로 밀리터리 프레스.

틀렸다. 슬로우 스트렝쓰는 원래 직관에 반하는 행위다. 또한 거의 드러나지 않은 러시아 운동가들의 힘의 비결 중 하나이기도 하다. 슬로우 스트렝쓰는 시간 제한 없이, 최대한의 힘을 발휘해 내는 능력으로 정의된다. 즉 완전히 전신의 힘을 짜내는(Grind*) 능력인 것이다. 파워리프팅 데드리프트나 고중량 케틀벨을 이용하는 밀리터리 프레스는 모두 슬로우 스트렝쓰의 전형적인 예이다. 슬로우 스트렝쓰는 항상 1회에서 5회 정도 저반복으로 훈련하고 테스트한다.

"격투가나 코치들 모두 로드워크의 중요성을 잘 알고 있다"고 보스턴의 탁월한 복싱 코치이자 RKC 스티브 바카리는 말한다.

"이들은 모두 샌드백, 펀칭패드, 그리고 당연히 스파링 훈련의 중요성을 잘 안다. 그러나 일반적으로 간과되면서 근력과 컨디셔닝이라는 퍼즐의 가장 중요한 한 조각이 될 수 있는 것이 바로 스트렝쓰—파벨 식으로 슬로우 스트렝쓰—트레이닝이다.

복서에게 슬로우 스트렝쓰는 어떤 역할을 할까? 첫 번째이자 가장 중요한 사실은, 좋은 스트렝쓰 베이스는 복서의 부상 가능성을 낮춘다는 것이다. 두 번째로는 링 위에서의 회복력을 높여 준다. 마지막으로 스트렝쓰는 결국 더 큰 펀치 파워로 전환된다. 결국 파워는 속도 × 스트렝쓰이기 때문이다. 대부분의 코치들은 근지구력(strength endurance)을 과도하게 강조한다. 인정할 건 인정하자. 이건 매우 중요한 사실이다. 힘을 지속시킬 수 있으려면 반드시 먼저 힘을 길러야 한다."

1~5회 반복으로 수행하는 느린 고중량 리프트, 혹은 '그라인드 트레이닝'은 RKC 훈련에 있어 동전의 양면 중 한 면과 같다. 빠른 고반복 리프팅이 반대쪽 면을 차지한다. '근지구력' 훈련을 할 때는 모든 원칙이 180도 변해야 한다. 리프팅은 빠르게, 반복수는 높게 실행해야 한다. 10회, 100회, 심지어 그 이상의 횟수로 반복하는 케틀벨 스윙과 스내치는 경기용 컨디셔닝을 향상시키는 데 있어 진정 탁월한 방법이다. 수없이 많은 터프가이들이 이 고반복 훈련 앞에서 맥없이 무너졌다. 격투가, 운동선수들, 그리고 특수요원들은 충격을 받았다고 고백했다. 그들의 삶을 통틀어 가장 힘든 운동을 발견했다는 사실에 말이다.

건장한 체격의 강력한 레슬러 RKC 마이크 카스트로지오바니(Mike Castrogiovanni)는 케틀벨을 처음 접했을 당시를 이렇게 설명한다.

"어느 날 친구와 함께 근력 코치 마크 리프킨트(Mark Reifkind)를 만나러 갔었는데, 이 양반이 '케틀벨'이라는 물건을 놓고 야단법석인 거다. 근데 만약 마크가 무언가에 대해 야단이라면 진짜 엉덩이 붙이고 앉아서 받아 적을 준비를 해야 할 시간이다. 마크는 '이봐, 친구! 만약 내가 심박수를 200BPM 이상 끌어올리는 근력 도구를 가지고 있다면 말야, 자네 한번 보고 싶겠지? 그렇지?' 라고 물었다. 리프를 알고 지낸 지도 꽤 됐고, 특히나 운동생리학 선생들이나 교과서가 가

* 전신을 압축해 마치 수건에서 물을 짜내듯이 전신의 힘을 짜내는 방식을 파벨은 그라인드(Grind)로 묘사한다. 그래서 RKC에서는 이와 같은 올 아웃 슬로우 리프팅을 그라인드 리프트, 그라인드 트레이닝이라고 부른다.

르쳐 준 바대로라면 내 연령대의 남자들에겐 생리학적으로 그런 일이 불가능하단 걸 알고 있었기에 그런 말이 진짜 이상하다고 생각했다. 마크의 그런 기이한 주장을 듣고 난 후, 이 양반이 파워리프팅을 너무 오래해서 뇌세포가 다 죽어 버린 건 아닌지 찾아가서 확인도 좀 하고, 그렇다면 현실세계로 정신이 돌아오도록 만들어야겠다고 다짐했다. 그래서 내 늙은 선생이 틀렸다는 것도 증명하고, 내가 얼마나 멋지게 변했는지도 좀 보여 줄 요량으로 그의 집에 갔다.

창고로 들어갔더니 그곳에 핸들이 달린 포탄(cannon ball) 세 개가 바닥에 놓여 있었다. 그때 나는 속으로 "포탄이라니! 이 양반 진짜 미쳤구만."이라고 생각했다. 이런 잠시의 저항감에도 불구하고, 마크가 기본적인 몇 가지 동작을 시연해 보이자마자 곧 흥미가 일기 시작했다. 말 그대로 마음이 열리기 시작한 것이다. 그런 훈련은 한 번도 본 적이 없었고 그런 형태의 운동을 개념화해 본 적도 없었다. 나의 경우 폭발적인 동작 훈련 경험은 대체로 반복이 거의 없는 역도 리프팅으로 이루어지는데 반복을 하려고 하면 동작이 부드럽지 않고 연속적이지 않았다. 이런 점엔 분명 흥미가 꽂혔지만, 이제까지 들어왔던 수많은 강의나 어젯밤에도 읽었던 책 같은 것들이 내 마음속에 뿌리박은 의심은 여전했다. 그래서 결국 내가 직접 신체운동학자(Kinesiologist)가 되어 체험해 보기로 했다!

결국에는, 내가 눈치 채기도 전에, 어린아이 같은 호기심이 내 무성한 에고를 누르고 있었다. 마크는 스윙 기술을 양손 방식과 한 손 방식으로 설명해 주었다. 내가 안전하게 스윙을 수행할 수 있겠다는 확신이 들자 그는 클린과 스내치를 추가했다. 하강 동작을 익히는 데서 약간의 시간이 걸렸지만, 결국엔 해냈다. 배우는 과정만으로도 심박수와 호흡수가 상승했다. 그제야 나는 마크 코치의 말이 맞고 이론이 틀렸음을 깨닫기 시작했다. 맙소사! 내가 뭘 하려고 했던 거야? 바로 이 창고 안 모든 공간에서, 내 눈앞에서, 내 늙은 스트렝스 코치의 손 안에서, 내가 알고 있던 모든 세계가 다른 그 무엇도 아닌 이 포탄 하나에 무너지고 있었다.

필연을 받아들였다. 대지위에 굳건히 서서, 마치 이 지구상에서 마지막 춤을 추듯이 쇳덩이를 공격했다. 워크아웃 자체는 거의 기억나지 않는다. 나는 그저 스윙, 클린, 스내치를 했고, 그 운동은 7분 이상 걸리지 않았다는 사실만 기억난다. 내 심장 박동이 너무나 강하게 뛰어서 골반기저근까지 느껴질 정도였으며, 심박수는 221BPM 이상으로 상승했다.— '카보넨(Karvonen) 공식표'를 보면 195가 25세의 '최대심박수'로 나와 있다. 그때 내 머리에 스친 것은 구토가 나오려는 것을 자존심 때문에 가까스로 참고 그 운동으로 아무런 영향도 받지 않은 것처럼 보여야겠다는 나약한 생각뿐이었다."

RKC 마크 리프킨트(Mark Reifkind)는 케틀벨 퀵 리프팅의 또 다른 장점을 지적했다. 긴장과 이완의 자연스러운 운동 리듬을 가르쳐 준다는 것이다. 전 파워리프터이자 파워리프팅 코치인 마크는 이를 악물고 해야 하는 느린 고중량 운동만을 하는 동지들이 얼마나 뻣뻣하고 유연성이 없는지를 지적했다.

긴장과 이완은 수행 능력의 양면이다. 항상 긴장돼 있는 파워리프터들은 움직이는 것조차 버거워한다. 언제나 이완만 되어 있는 요가 수행자들은 너무 약하다. 가라데 고수는 이 양면(긴장과 이완, tension and relaxation) 모두에 능하다. 정권을 번개처럼 찌르되 체중이 모두 주먹 끝에 실리도록 타격 순간 몸을 순간적으로 수축시킨다. 그러고는 마치 뱀 혀처럼 부드럽고도 빠르게 정권을 회수한다. 작고한 오키나와 가라데 마스터 쵸조 나카마(Chozo Nakama)의 말을 빌리자면, 이것은 '이완된 긴장(relaxed tension)'이라 표현할 수 있다.

하드스타일 가라데* 펀치처럼, RKC 케틀벨 스윙과 스내치는 속사포처럼 높은 긴장(high tension)과 이완(relaxation)이 연속된다.

"긴장-느슨함-긴장-느슨함(tense-loose-tense-loose)." 체육관에서도 링 위에서도 언제나 필살의 원투 컴비네이션이다.

* 일반적으로 hard-style Karate는 고주류(剛柔流) 가라데를 의미한다. 실제 풀 컨트렉션 이론과 압축호흡 등 파벨의 많은 이론이 이 고주류 가라데에서 나왔다.

풀 운동과 프레스— 어디서 들어 본 것 같지 않은가?

엘리트와 엘리트가 아닌 사람들이 구분되는 단 한 가지 사실은 엘리트는 다른 모든 사람들보다 기본에서 더 탄탄하다는 사실이다.

— 미공군 파라레스큐(USAF Pararescue) 상사, 드웨인 스탠톤(Duane Stanton)

텍사스의 파워리프터 RKC 필 워크맨(Phil Workman)이 내게 이렇게 썼다. “내 친구 한 명과 PTP* 데드리프트를 훈련해 왔습니다. 이 친구가 엄청나게 발전했어요(대략 1년 만에 143kg에서 204kg으로). 그리고 이젠 케틀벨을 원합니다. 그런데 PTP에 가까운 케틀벨 워크아웃이 있을까요?”

《엔터 더 케틀벨!》은 더 적은 걸로 더 나은 걸 하는 데 초점을 둔다. 그래서 운동 가짓수를 가차 없이 줄였다. 내가 좋아하는 것들도 줄였다. (윈드밀은 다음에 만나자.) 그러니 당신의 훈련은 《파워 투 더 피플!》의 근본에 가깝게, 즉 오버헤드 프레스와 단 한 종류의 풀 바디 풀(full body pull)로 구성된 훈련이 될 것이다. 바로 이것이 RKC 프로그램 미니멈을 구성하는 방식이기도 하다. 스윙은 ‘빅 풀(big pull)’에 해당하고 겟업은 정적 프레스(static press)로 분류된다.

풀 운동과 프레스로 구성된 초압축 프로그램은 대부분 동지들의 힘에 대한 욕구를 극적으로 채워 줄 만하다. 몇 년 동안 나는 RussianKettlebell.com 포럼의 에디 ‘더 그린 고스트’ 코박스(Eddie ‘the Green Ghost’ Kowacz)가 올리는 글들을 따르고 있다. 에디는 미 해병대(USMC)와 경찰 특수기동대(SWAT)의 예비역이고, 호신술 강사이며, 세계 무술 명예의 전당 올해의 교육자**에 선정된 사람이다.

* 파벨의 저서 《파워 투 더 피플!》의 초압축 루틴, 데드리프트와 프레스.

** World Martial Arts Hall of Fame Instructor of the Year

에디는 내게 이렇게 썼다. "아버지께서 내 케틀벨 세트를 보시고는 곧 알아보셨습니다. 아버지께서는 제2차 세계대전 중에 러시아에 주둔해 계셨는데 그때 러시아 군인들이 콜리마* 강변에서 영하의 추위 속에서도 케틀벨 스윙을 하며 훈련하던 것을 기억하고 계셨습니다. 제가 케틀벨 운동하는 걸 보시더니 흡족해 하셨습니다. 미소를 지으며 제가 케틀벨에게 고마워해야 한다고 그러셨습니다."

이 강한 남자의 트레이닝은 2개의 케틀벨을 이용한 밀리터리 프레스와 빅 풀(데드리프트, 케틀벨 스윙과 스내치)의 변주만으로 포커스를 좁게 맞춘다. 세부 내용은 다양하다. 예를 들면 에디는 스내치와 스윙을 케틀벨에 고무밴드를 달아서 하기도 한다. 그러나 그린 고스트 트레이닝의 정수는 동일하다. 빅 풀 더하기 오버헤드 프레스.

그렇다면 왜 스쿼트가 아닌 풀인가?
빅 풀은 케틀벨 스윙, 스내치, 바벨 데드리프트, 올림픽 역도 풀이다.

만약 육중한 다리를 만들고 싶거나 개인기록 혹은 세계기록에서 스쿼트를 경쟁하고 싶은 사람이라면 빅 풀로 스쿼트를 대체할 수는 없다. 그러나 그런 경우만 아니라면, 빅 풀이 최고다.

에디는 무릎이 인공이라서 스쿼트보다 풀 종류를 선호한다. 스쿼트와 달리 풀은 아주 무거운 중량이라도 무릎을 거의 자극하지 않는다.

유명한 UFC 선수 켄 샴록(Ken Shamrock)은 스쿼트보다 풀을 한다. 왜냐하면 격투가에게는 육중한 다리가 필요없기 때문이다. **풀은 다리와 엉덩이를 과도하게 발달시키지 않으면서 강하게 만들어 준다.** (육중한 다리로 인한) 피부마찰은 짜증난다. 예를 들어 특수 요원이나 보병 같은 동지들이 가랑이 사이가 헐어서 피 나는 일이 있어선 안 된다. 예전에 내가 이라크 팔루자 파병에서 막 귀환한 해병대 친구와 운동을 마치고 장교막사로 걸어 들어가고 있을 때 지나가던 한 해병대 동료가 마침 반바지를 입고 있던 우리를 보고 농담을 던졌다. "그게 당신들 다리요, 아님 닭 위에 올라탄 거요?" 전사들은 (닭을 먹는 게 아니라) 닭 위에 올라탄다. 문제 있나?**

랜달 스트로센(Randall Strossen) 박사는 보디빌더에게 육중한 팔이 필요하다면 근력 선수는 등을 근육질로 만들어야 한다고 말한다. 풀은 **등을 발달시킨다.**

FAQ 단원에도 나오듯이, 케틀벨 풀은 허리 **부상 가능성을 극적으로 줄여 준다.**

"케틀벨 스윙은 복부에도 잘 먹힌다"는 유명한 파워리프팅 코치 루이 시몬스(Louie Simmons)의 말에 주목하라. 고중량 케틀벨, 정확한 기술, 그리고 효율적인 호흡을 하는 숙련된 리프터들에게는 그렇다.

닥터 '스쿼트' 프레드 해트필드(Fred Hatfield)는 "가장 좋은 악력운동은 항상 고중량을 볼리스틱하게(탄도성운동) 당기는(pulling) 운동"이라고 말한다. 케틀벨 풀은 강력하게 고정하는 악력(vice grip)***을 주조한다.

* Kolyma R. 시베리아 북동부를 흐르는 강.

** 동료 해병대원이 다리가 가늘어 보인다고 농담한 것이고 닭발은 가늘어 보여도 깃털에 가려진 닭다리는 강하다는 식으로 반박한 것이다. 미 해병대원들은 호르몬주사를 선수들보다 많이 사용할 만큼 근육 크기에 집착한다. 물론 해병대도 정예부대나 전장 파병부대는 육중하게 몸을 키울 수 없다. 닭을 먹지 않고 닭을 탄다는 반박도 근육에 집착해서 닭 가슴살을 편식하는 세태를 조롱하는 표현이다.

*** 바이스/바이스그립은 공작품을 물려서 고정시키는 장치/공구다. 악력(grip)은 주로 3가지로 분류된다. 으깨는(crush) 그립, 고정하는(vice) 그립, 핀치(pinch) 그립으로 분류된다.

- ★ 무릎을 혹사시키지 않는다.
- ★ 다리와 엉덩이를 과도하게 발달시키지 않으면서 강화한다.
- ★ 등을 발달시킨다.
- ★ 허리 부상 가능성을 현저히 낮춘다.
- ★ 고정하는 그립(vice grip)을 연마한다.
- ★ 경기용 컨디셔닝을 향상시키고 수치스러운 유산소운동 없이 지방을 감소시킨다.

"코치님, 전 도무지 지치지가 않아요." 이 소리는 샌 루이스 오비스포에 있는 캘리포니아 주립 공대의 운동부 스트렝쓰 코치인 RKC 크리스 홀더(Chris Holder)의 귀에 울려퍼지고 있는 음악소리다. 고반복 케틀벨 스윙과 스내치는 경기용 컨디셔닝을 발달시키고 수치스러운 **유산소운동 없이도 체지방을 태운다.**

위에 언급한 말을 스쿼트가 무릎을 손상시킨다는 말로 해석하면 안 된다. 일반적인 통념과 달리 적절히 수행하는 스쿼트는 무릎에 효과적이다. "이 옷 입으면 내 엉덩이가 커 보일까?"라고 아내가 남편에게 묻자, "아냐, 자기 엉덩이가 크니까 커 보일 뿐이야"라고 남편이 대답한다. 마찬가지로 단 존은 스쿼트에 관한 진실을 바로잡았다. "스쿼트가 무릎을 손상시키는 것이 아니라, 당신이 스쿼트를 하는 방식이 무릎을 손상시킨다."

스쿼트하라.
당신이 어떻게 하는지 정확하게 배웠다면. 그리고 당신의 목표에 부합한다면.
우리도 RKC 지도자 과정에서 프론트 스쿼트를 가르친다. 그러나 RKC 시스템의 근본은 항상 빅 풀이다.

프레스들, 그러니까 밀리터리 프레스와 다른 오버헤드 프레스들은 이를테면, 풀 운동의 융단폭격에도 불구하고 당신의 근육갑옷에 남아 있는 작은 틈을 채운다고 할 수 있다. 오버헤드 프레스가 어깨, 등, 팔을 강화한다는 것은 분명해 보이지만 (RKC 방식으로 할 때) 광배근에는 그 효과가 덜 분명해 보인다. 그러나 우리 학생 중 한 명인 RKC 저스틴 퀄러(Justin Qualler)는 광배근을 이용해 밀리터리 프레스의 네거티브(내리는 동작)에 집중함으로써 뜻하지 않게 한 팔 턱걸이(one-arm chin)*로까지 발전하게 됐다.

* 친업은 풀업과 달리 손바닥을 본인 쪽으로 돌려 하는 턱걸이다. 또한 한 팔 친업을 할 때는 두 손으로 할 때보다 철봉을 잡은 손을 몸 중심선에 가깝게 놓고 한다.

"그걸(한 팔 턱걸이를) 해보겠다는 꿈을 꾼 지 몇 년이 지나고 나서야, (중학교 때 체육 선생님이 한 팔 턱걸이를 한다면 100달러를 주겠다고 하셨다) 어느 날 아주 우연히 한 팔 턱걸이를 위한 지름길을 발견했다." 저스틴은 RussianKettlebell.com의 기사에서 이렇게 썼다. "당신도 내가 사용했던 파벨의 책에서 말하는 모든 텐션 테크닉에 걸어 봐라. 항문 조이기, 파워호흡, 복부와 둔근 수축, 으깨는 그립 같은 것들 말이다. 테크닉을 제대로 익혀야 한다. 전혀 기대하지 않았던 운동이지만 한 팔 턱걸이를 위한 지름길이 된 운동은 바로 밀리터리 프레스다. 매번 네거티브(내리는) 동작에서 광배근으로 강하게 당기는 동작을 했다. 광배근을 이용해 적극적 동작으로 당겨 내리는 동선은 한 팔 턱걸이와 매우 흡사하다. 명심할 것은 중량을 내릴 때 광배근을 이용해 필사적으로 당겨야 한다는 점이다!

마법 같은 공식은 없지만 어느 지점에 이르면 중량을 당겨 내릴 때 매우 편안해지고 강해지는 것을 느낄 것이다. 내 경우에는 몇 개월이 걸렸다. 그러던 어느 날 한 팔 턱걸이를 시도하고는 내가 정말 스스로 당겨 오를 수 있다는 사실에 깜짝 놀랐다. 하지만 완전하게 한 회를 마칠 수는 없었다. 그러나 중요한 것은 당시에 나는 턱걸이를 전혀 훈련하지 않았다는 점이다."

저스틴은 풀업을 조금 더 연습해 한 팔 턱걸이를 완성해 냈다. 당신도 가만히 숨죽이고 앉아 저스틴처럼 되길 바라지 말고, 이 방식으로 프레스를 연습하라. 그러면 반드시 광배근이 강하게 발달할 것이다.

고중량 프레스를 시작하면 곧바로 이 운동이 복부와 복사근에 미치는 강력한 효과를 느끼고 놀랄 것이다. "날 믿어라, 45분의 밀리터리 프레스 워크아웃은 야심한 밤 TV에서 광고하는 어떤 머신보다도 더 훌륭하게 복근을 개입시킬 것이다"라고 던지기 종목 선수이자 웨이트 리프터인 단 존이 단언한다.

★ 클래식 토르소(몸통)와 강한 팔을 만들라.

★ 어깨를 유연하고 탄력적으로 만들라.

★ 복부와 복사근을 강화하라.

다음은 강한 사내가 되길 소망하는 일반 남자들을 위한 야심차면서도 현실적인 목표다.

★ **미국 대통령 경호국(U.S. Secret Service)의 10분 스내치, 24kg—200회.**

★ **자기 체중의 절반 정도 케틀벨로 클린 & 프레스—한 팔당 1회씩.**

이 책에 설명이 더 나오지만, 대통령 경호국(Secret Service) 스내치는 전사의 혼과 체력을 만들 것이며 수치스러운 유산소운동 없이 체지방을 감소시킬 것이다. 동시에 초강력 태클과 필살의 일격을 이끌어 내는 둔근의 파워를 만들어 내며, 악수만 해도 상대방이 알아챌 정도로 강해진다.

고중량 케틀벨 프레스는 몸을 아무리 혹사시켜도 감당할 수 있을 만한 상체를 발달시킨다. 러시아에서 어떤 경우에는 2푸드(32kg) 프레스가 소년에서 남성이 되는 것을 인정하는 통과의례다.

여성 동지들이 달성할 것은 다음과 같다.

★ **USSS의 10분 스내치, 12kg—200회.**

★ **자기 체중의 4분의 1정도 케틀벨로 클린 & 프레스—한 팔당 1회씩.**

이 수준으로 힘과 컨디셔닝을 향상시키는 데 1년, 2년, 혹은 그 이상 소요될 수 있다. 시간이 필요하다. 이러한 목표를 이루면 강한 근력, 폭발적인 파워, 체력 등이 인상적으로 향상될 것이고 근육이 꼭 있어야 할 부위에 제대로 붙은 몸이 될 것이다. 뚱뚱하다는 소리는 들을 일도 없을 것이다. 결국 사내 중의 사내로 인정받기에 충분할 만큼 강해질 것이다.

48
kg

클린 —펀치처럼 절도 있게

케틀벨 스윙에는
강한 전완과 손목이 필요하다.

— '러시아의 사자' 조지 하켄슈미트 (George Hackenschmidt)*

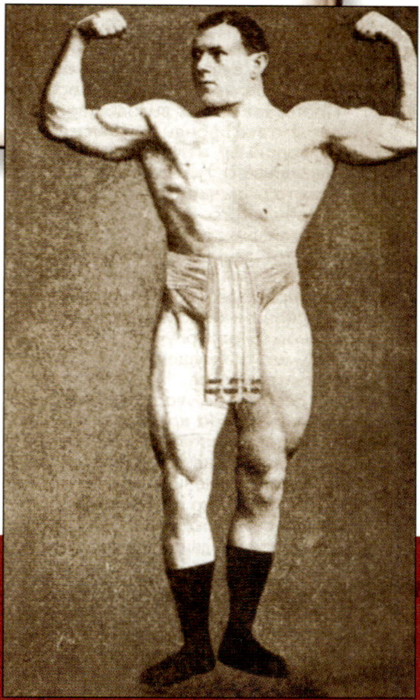

'러시아의 사자'
조지 하켄슈미트

클린은 그 이름처럼 단번에 '깔끔하게' 웨이트를 바닥에서 어깨까지 들어 올려야 하는 동작이다. RKC의 훈련 시스템에서는 싱글 케틀벨 클린을 단독으로 하지 않고(너무 쉽다) 프레스와 한 쌍으로 실시한다. 단, 클린을 배우고 있는 단계에서는 예외다.

케틀벨 클린 테크닉은 올림픽 역도의 클린과 매우 다르다. 가장 큰 차이점은 어깨를 슈러그하지 않고, 팔꿈치를 안쪽으로 유지하며, 가슴을 펌핑하지 않는 것이다.

클린은 주어진 사이즈의 케틀벨로 해낼 수 있는 가장 쉬운 운동 가운데 하나지만, 동시에 정확하게—전완을 때리거나 팔꿈치를 확 잡아당기지 않으면서—하기 어려운 운동 가운데 하나라는 점에 주의해야 한다. 그러므로 한 번에 많이 하지 말고 매일 몇 회씩 연습하는 시간을 가져야 한다. 클린이 더 깔끔해지면(cleaner) 프레스가 더 강해진다(bigger).

* 러시아 출신의 레슬러이자 스트롱맨. 1900년대 초 영국에서 주로 활동했고 '러시아의 사자'라는 별칭으로 불렸다. 버나드 쇼와 지적 논쟁을 벌일 만큼 지성과 힘 모두 갖춘 인재로서 현대의 스트롱맨 스포츠와 파워 리프터, 레슬러, 보디빌더 모두에 큰 영향을 미쳤다.

과제 : 클린

상황 :

케틀벨을 들고 스윙을 할 때처럼 다리 사이 뒤로 보내고, 한 번의 부드러운 동작으로 랙(rack) 자세를 취한다. 그 다음 케틀벨을 다리 사이로 다시 보내고 마찬가지로 몇 차례 반복해야 한다.

클린.

1

2

절차 :

1. 스윙의 모든 포인트들이 그대로다. 단, 상위지점에서 팔을 곧게 펴야 하는 것만 제외다.
2. 케틀벨을 얹을(rack) 때 무릎을 굽히지 않는다.
3. 상위 지점에서 케틀벨, 팔꿈치, 몸통이 '하나가 돼야' 한다. 어깨를 아래로 누른다.
4. 팔은 느슨해야 하고, 엉덩이가 모든 걸 해야 한다.
5. 케틀벨은 가장 짧은 거리를 여행해야 한다.
6. 금지 사항 : 스쿠핑, 전완 때리기, 허리, 팔꿈치, 손목, 어깨에 스트레스 주기. 여성들은 팔이나 케틀벨로 가슴을 쳐선 안 된다.

3

4

클린 마스터하기 STEP #1: 그립

복싱도 열심히 연구했던 이소룡(Bruce Lee)이 말했다. "복싱에선 손목이 없다…… 전완과 주먹이 견고한 한 덩어리처럼 사용돼야 한다. 끝에 매듭 달린 곤봉처럼. 주먹은 전완과 직선을 유지해야 하고, 어떤 방향에서든지 손목은 구부러짐이 없어야 한다." 케틀벨 리프팅도 마찬가지다. 흐느적거리는 손목이 뒤로 구부려지는 것은 허약함과 부상을 보증한다.

클린과 같은 퀵 리프트에서의 그립은 겟업, 슬로우 리프팅들이나 '그라인드'에서의 그립과 다르다. 볼리스틱(ballistics)은 핸들을 쥐어짜듯이 꽉 잡을 필요가 없다. 심지어 손아귀를 열어 놓고 손가락들을 좌우로 움직일 수 있게 해도 된다. 단지 손목만 구부리지 않으면 된다.

케틀벨을 두 손으로 집어 든다. 한 손을 핸들 안으로 찔러 넣고 반대쪽 손으로 둥근 부분을 받쳐 준다. 손을 깊이 밀어 넣는다. 손을 펴고 흔들어 편안한 지점을 찾는다. 핸들이 손바닥 기저 부분에서 쉴 수 있게 한다. 거의 전완까지 미끄러져 내려올 만큼.

1

양손으로 케틀벨을 집어 든 다음 한 손을 뺀다.

지탱하는 손을 빼고 전완의 바깥쪽에 케틀벨의 둥근 부분이 놓이게 한다. 손가락들을 흔들어 전완에 가해지는 압력을 경감시키고 '케틀벨과 하나'가 되게 한다. 손바닥보다 전완에서 무게를 더 느껴야 한다.

동작 중에 핸들을 꽉 움켜 잡지 마라. 핸들에 고리 걸듯이 손가락들을 걸어라.

2

클린 마스터 하기 STEP #2: 랙자세

시니어 RKC 롭 로렌스(Rob Lawrence)는 순서를 거꾸로 해서 클린을 배우는 방법, 즉 랙(rack), 드롭(drop), 클린(clean proper)의 순서로 배우는 방법을 제안했다. 덕분에 우리 학생들의 클린 숙달이 극적으로 빨라졌다. 만약 당신의 웨이트 리프팅 수준이 낮다면 '랙'은 가슴으로 중량을 든다는 의미가 된다.*

(데드리프트와) 케틀벨을 양손으로 잡고 하는 치팅 컬을 이용해 들어 올린다. 그립을 조정하고 보조하는 손을 뺀다. 손을 흔들거나 움직여서 편안한 지점, '케틀벨과 내가 하나'가 되는 지점을 찾는다.

기르빅의 자세는 몸을 과시하는 보디빌더의 자세와는 정반대다. 어깨를 아래로 당겨 내리고, 가슴은 밖으로 펌핑하지 않으며, 파이터처럼 견갑골을 펼치고, 팔꿈치를 탄탄하게 몸통(광배근이 아니다, 동지!)에 붙인다, 엉덩이는 살짝 앞으로 당긴다. 이스라엘 특수부대의 퇴역군인이자 《디 워리어 다이어트 *The Warrior Diet*》의 저자인 오리 호프메클러(Ori Hofmekler)는 이것을 '전사의 자세'라 부른다.

랙.

* 만약 무게를 감당치 못하는 수준이라면 '랙' 자세에서 가슴 위에 모든 중량이 얹힐 것이다.

어깨를 슈러그하거나 팔로 밀어서 케틀벨을 지지하지 마라. 견갑대(shoulder girdle)를 이완하라. 케틀벨의 무게가 흉곽, 배, 엉덩이를 관통하게 한다. 팔꿈치를 최대한 낮게 유지하라.

중요한 것은 둔근에 텐션을 유지하는 것이다.—둔근 사이에 동전이 고정될 만큼—허리를 보호하기 위해서다. 복근 역시 마치 벽을 세우듯이 텐션을 유지한다.

클린을 랙할 수 없는 방법.

틀렸다.

덤벨과는 달리 케틀벨은 몸 중심선 가까이로 랙해야 한다. 복싱의 바디 방어처럼 팔꿈치를 사용해 간이나 비장을 보호한다고 상상하라. 팔을 늑골에 붙인다. 팔이 몸통에서 '분리' 된다면 어깨가 대가를 치를 것이다.

틀렸다.

마지막 포인트는 여성에게 적용되지 않는다. 건강적인 측면에서 케틀벨이나 케틀벨을 든 상완 또는 전완으로 여성의 가슴을 누르는 것은 권장하지 않는다. 그래서 여성들은 다소 케틀벨을 어색하게 기대는 자세를 취하도록 한다. (팔꿈치는 몸으로 향하되) 케틀벨과 전완을 가슴 바깥쪽에 두도록 팔을 좀 더 넓게 벌린다. 랙 자세가 팔씨름의 브로큰 암 포지션—팔꿈치가 안쪽에 놓인 상태에서 주먹이 옆이나 뒤로 젖혀진 상태—이 되지 않도록 주의하라. 생각 실험(mental experiment)으로 이것이 팔꿈치 안쪽에 좋지 않음을 깨달아야 한다.

여성의 경우에는 옆으로 더 나간 상태로 클린을 마무리해야 한다.

남성이든 여성이든 케틀벨이 팔꿈치의 '삼각형' 안에* 편히 놓여야 한다. 그렇지 않으면 전완 윗부분이 케틀벨의 상당한 압박을 받게 된다.

당신과 케틀벨이 하나가 되고 나면, 피로가 케틀벨을 내려놓게—부디, 두 손으로 내려놔라—만들 때까지 랙 상태를 유지한다. 둔근을 약간 긴장시키고, 호흡을 잊지 마라. 케틀벨을 랙하고 서 있거나 걸으면서 승모근이 이완되도록 강제한다.—강제된 이완(forced relaxation**—그러면 편안한 랙이 되도록 당신을 도울 것이다.

랙 자세가 완벽해질 때까지 다음 단계로 진행하지 않는다.

* 팔꿈치를 꼭지점으로 전완과 상완이 만드는 삼각형 안에.

** 파벨의 이완 스트레치 방법. www.schoolofmovement.org 무브먼트 칼럼을 참조하라.

클린 마스터하기 STEP #3: 드롭

랙 자세에서 케틀벨을 양 다리 사이 뒤로 드롭할 때는 완전히 느슨해진 팔로 드롭(drop)이라는 말뜻 그대로 떨어뜨려야 한다. 팔을 이완된 상태로 유지하고 드롭의 하위지점에서 완전히 곧게 펴야 한다. 그러면 충격이 엉덩이에서 흡수된다.

네거티브 컬 동작으로 케틀벨을 내리면 팔꿈치에 문제가 생긴다. 팔에 텐션이 들어가는 것은 두려움의 표시다. 케틀벨의 추진력에 의해 다칠까 봐 겁먹은 것이다. 그러나 흔히 그렇듯이 두려움은 자기충족예언* 이다. 자기 확신을 가지고 이완된 드롭을 실행하는 방법을 제시하겠다.

케틀벨을 안전하게 던질 수 있는 지면 위에서 연습하라. 케틀벨 랙 자세에서 시작하라. 엉덩이를 뒤로 빼면서, 팔은 이완하고, 마치 보드카병을 기울일 때처럼 엄지손가락을 아래 방향으로 슬쩍 돌린다. 케틀벨이 당신의 전완에서 굴러 내려간다.

드롭.

1

2

* self-fulfiling prophecy 발생하지 않을 수 있었던 현상이 오히려 예언의 영향으로 예언대로 실현되는 현상.

케틀벨을 전방으로 던지지 마라.—몸과 최대한 가깝게 유지하라.

핸들을 움켜잡지 마라.—손가락들을 느슨하게 고리처럼 걸어라.

팔꿈치가 너울대게 만들지 마라.—팔꿈치를 몸 중심선(centerline)쪽으로 움직여야 한다.

케틀벨을 양 다리 사이 뒤로 던져라.—수직하강이 아니다.—마치 미식축구의 하이크 패스와 같다. 전완이 가랑이에 가까울수록 좋다. 케틀벨이 그리는 호가 좁을수록 좋다. 호를 길들이기는 케틀벨 퀵 리프팅에서 아주 중요한 컨셉이다.

주먹이 점점 더 돌아가서 엄지가 바닥을 향하다가 맨 하위지점에서는 엄지손가락이 바닥과 거의 수직이 될 만큼 돌아간다. 주먹의 회전은 눈에 띄지 않을 만큼 서서히 이뤄져야 한다. 마치 쿵푸의 돌려막기(block) 동작처럼. 덜컹거리는 전환은 팔꿈치에 나쁘다.

케틀벨이 몸 뒤에 가 있는 시점에서, 팔이 완벽히—그리고 느슨하게— 펴져야 한다. 그러면, 빗자루를 타고 있는 마녀처럼 보여야 한다.—빗자루 대신 전완을 탄다. 체중이 발뒤꿈치에 실려야 한다, 정면을 응시한다. 허리가 아니라 엉덩이에 무게가 실리는 느낌이어야 한다. 이 순간은 케틀벨을 진행방향으로 놔 줄 때다. 케틀벨이 다리 뒤로 돌진하게 그냥 놔두라.

3

4

연습을 계속하라. 드롭이 마치 채찍질처럼 자연스럽게 느슨해질 때까지 클린을 시도하지 마라.

잘못된 자세.

클린 마스터하기 STEP #4: 클린

당신이 이완된 드롭을 완성했다면 드롭의 하위지점에서 이제 케틀벨을 놓지 말고 엉덩이 스냅으로 케틀벨이 올라가게 한다. 드롭의 궤적을 그대로 거슬러 올라간다.

이 이상 단순할 수가 없다. 생각이 더 많아지면 이러저러한 실수를 범하기 쉽다.—엉덩이가 아니라 팔로 당기기, 전완 때리기 등. 그냥 드롭의 궤적을 그대로 따라가라.

쇳덩이가 집으로 돌아올 때, 핸들 속으로 손을 찔러 넣어라.—가능한 한 손바닥의 낮은 지점에서 중량이 머물게 하라.

케틀벨이 주먹 위로 튀어 오르는 게 아니라, 말아 올리듯이 전완 위를 굴러 온다.

시니어 RKC 마이크 마흘러(Mike Mahler)는 클린의 마지막 단계를 권투의 어퍼컷(uppercut)에 비유했다. "쇳덩어리가 손목 위로 던져지도록 내버려 두지 말고 전완을 타고 올라 팔 위로 둘러지도록 만들어라. 허리 높이를 지날 즈음 어퍼컷을 치는 느낌으로 주먹을 쏘아 올려 쇳덩이가 전완을 타고 오르게 한다. 클린이 끝난 자세에서는 쇳덩어리가 몸과 하나가 될 수 있도록 주먹을 곧게 세워서 쥐어라."

쇳덩이 받기는 최대한 낮은 곳에서 이루어져야 한다. 그래야 자신이 어깨가 아니라 허리 높이에서 클린하는 모습을 시각화하는 데 도움이 된다.

둔근을 조이고 복부를 압축하라. 압축한다고 해서 배를 안으로 집어넣지 마라. 배에 펀치가 날아온다고 생각하고 복근벽을 세워라. 무릎을 다시 구부리지 마라.

클린.

3

4

1

3

2

쇳덩어리가 손목 위로 던져지도록 내버려 두지 말고 전완을 타고 올라 팔 위로 둘러지도록 만들라는 것이다. 허리 높이를 지날 즈음 어퍼컷을 친다는 느낌으로 주먹을 쏘아 올려 쇳덩이가 전완을 타고 오르게 한다. 클린이 끝난 자세에서는 쇳덩이가 몸과 하나가 될 수 있도록 주먹을 곧게 세워서 쥔다.

클린이 아니다.

클린이 아니다.

스쿼트와 마찬가지로, 클린의 테크닉을 익히는 데도 벽의 도움을 받을 수 있다. 클린하는 팔과 같은 쪽 발의 옆면이 벽에 닿거나 거의 닿을 만큼 벽 가까이 서서 클린 몇 회를 하라. 이것은 '브로큰 암 포지션'으로 클린하는 것을 막아 준다. 나머지 손으로 얼굴 쪽을 방어해서 케틀벨이 벽을 맞고 튀어오를 경우에 대비한다.

같은 방식으로, 벽을 마주 보고 클린한다면 호를 길들이는 것을 배울 수 있다. 역시 가드를 올려라!

클린이 기본 동작이긴 해도 마스터하는 것은 그리 간단치 않음을 이제 확실히 깨달았을 것이다. 다시 한 번 말하겠다.—꾸준히 연습하되, 절대 한번에 많이 하지 마라. 지겹다고? 웃기지 마라. 아직 멀었다.

벽을 통해 호를 길들이는 법을 배운다.

48
kg

프레스 —클래식 토르소를 위해

나는 여전히 소년이었지만,
케틀벨을 편하게 프레스하자,
남자처럼 느껴졌다.
내가 바벨에 흠뻑 빠졌을 때조차
나는 여전히 케틀벨 트레이닝을
사랑했다.

— 올림픽 웨이트리프팅 2회 우승자,
레오니드 자보친스키(Leonid Zhabotinskiy)

유진 샌도우가 최고의 클래식 토르소를 보여 준다.

오버헤드 프레스를 소홀히 하는 것과 '지친 헤라클레스(Farnese Hercules)' 동상처럼 강력한 어깨와 몸통을 지닌 상체 대신 가늘고 연약한 허리와 거대한 가슴 근육이 부상한 것은 절대 우연이 아니다. 정말 안타깝다! 왜냐하면 오버헤드 프레스 운동을 강하게 한다면, 상체를 위해서 다른 어떤 것도 거의 할 필요가 없기 때문이다.

과제 : 클린 앤드 프레스

상황 :

케틀벨 클린을 한 다음 프레스를 머리 위로 락아웃하여 엄격하게 실시한다.

절차 :

1. 프레스를 위해서 클린의 추진력을 반동처럼 이용하지 않을 만큼, 잠시 랙 자세에서 정지하라.
2. 무릎을 펴서 고정시키고 몸이 옆이나 뒤로 기우는 것을 최소화해서 프레스하라.
3. 몸 전체를 타이트하게 유지하라.—특히 몸통, 둔근, 대퇴사두근.
4. 어깨를 계속 아래로 밀어내라.
5. 팔꿈치를 완전히 펴고 동작을 멈춘다.

주의 : 다음에 나오는 하이 텐션(high tension) 및 파워호흡(power-breathing) 테크닉은 심장에 문제가 있거나 고혈압이 있는 동지들에게는 적합하지 않다!

로디드 클린.

프레스 마스터하기 STEP #1: 로디드 클린

당신의 프레스는 클린이 좋은 만큼만 좋다. 미숙한 자의 케틀벨 클린 앤드 프레스를 보라. 클린이 그의 몸을 뒤흔들어 거의 뒤로 휘청댄다. 위태위태하게 프레스로 넘어가면, 발과 허리가 요동친다.

이번에는 전문가의 클린 앤드 프레스를 보라. 케틀벨 프로는 자신이 생성한 힘에 관한 명백한 마스터다. 무거운 케틀벨이 그를 흔들지 못한다. 대신, 운동에너지(kinetic energy)가 근사하게 작동한다. 그의 어깨 너머로 소모되지 않고 몸통에서 발까지 똑바로 내려간다. 모든 근육이 긴장하고 몸 전체가 스프링처럼 압축된다. 잠시 정지, 저장된 에너지가 발에서부터 폭발적으로 리바운드된다. 케틀벨 프레스는 그의 힘을 절도 있게 표현하는 것이다.

러시아의 노련한 기르빅은 클린할 때 힘을 마치 '당구 게임' 하듯 다룬다. 클린에 의해 바닥에서부터 생성된 힘을 능숙하게 리바운딩한다. 이 기술을 마스터한다면 놀라운 프레싱 파워의 소유자가 될 것이다.

클린을 랙할 때, 충돌 순간 온몸—발, 대퇴사두근, 둔근, 복근, 광배근에 텐션을 꽉 채워 넣는다. 단지 충격 흡수가 아니다. 무게에 대비해서 전신을 탄탄하게 긴장시키는 것은 케틀벨을 마치 손에 든 장난감처럼 느껴지게 만든다. 그러면 동작을 하기 위해 근육들이 파워풀하게 장전된다.

러시아의 스포츠 과학자인 유리 베르코샨스키(Yuri Verkhoshansky) 교수는 동적 수축(dynamic contraction) 전에 근육을 등척성으로(isometrically) 수축시키면 수행능력이 20% 이상 향상될 수 있다고 한다. 수준급 팔씨름 선수는 심판이 시작 신호를 하기 전에 모든 근육을 높이 조율된 텐션으로 장전시킨다. 뛰어난 일류 팔씨름 선수는 심지어 상대 선수의 손을 잡기도 전에 몸을 장전시킬 것이다. 그리고 심판의 시작 신호를 기다리다가 자신의 이두근이 돌아가 손이 지면에 내리꽂히고 나서야 사태를 깨닫는 자가 아마추어다. 그러니 케틀벨에 얻어맞기 전 쇳덩이가 공중에 떠 있는 동안 미리 대비해야 한다. 마술사 후디니(Houdini)는 준비만 돼 있으면 누구의 펀치든 감내할 수 있었다. 그러나 예고 없이 당한 일격에 사망했다.

클린의 랙 자세에서 무릎을 딥(구부렸다 펴서 반동 주기)하면 안 된다! 《더 러시안 케틀벨 챌린지 *The Russian Kettlebell Challenge*》에서 무릎 딥을 권장했던 것을 기억할 것이다. 그러나 이제 그렇게 생각하지 않는다. 무릎을 딥하는 기르빅들이 고중량 프레스에서 필요한 긴장(tightness)을 잃는다는 사실을 알게 됐다. 나는 내 훈련 시스템에 대한 수정을 결코 멈추지 않는다, 당신이 내 저서 《더 러시안 케틀벨 챌린지》와 《엔터 더 케틀벨!》에서 서로 일치하지 않는 부분을 발견하게 되는 것도 그런 이유다. 나는 후자의 책을 우선순위에 둔다. RKC는 결코 멈추지 않는다.

강한 클린 없이 가장 강한 프레스도 없음을 명심하라. 그러나 클린을 완전히 마스터하기 전에 프레스 연습을 시작할 수도 있다. 양손 권총사격 그립으로 케틀벨을 클린한 다음, 한 손은 빼내고 프레스한다. 프레스 후에도 양손을 이용해 케틀벨을 내려놓는다.

프레스 마스터하기 STEP #2: 케틀벨로부터 몸을 밀어내라

어깨에 최소한의 스트레스만 주면서 프레스를 최대한 활용하려면, 어깨를 최대한 내리누른 채—슈러그의 반대—팔꿈치도 최대한 낮게 유지해서 시작해야 한다. 동시에 팔꿈치를 배꼽 쪽을 향해 약간 안쪽으로 민다. 마치 삼각근을 인사시키는 것처럼 느껴질 것이다.

프레스 동작 내내 어깨를 낮게 유지하면 프레스를 더 강하게 더 안전하게 할 수 있다. 그러나 발전시키기 쉬운 기술이 아니다. 그래서 프레스를 마스터하는 데 도움이 되고 타이트함을 유지하는 법을 가르쳐 줄 멋진 드릴을 제시한다.

문틀 안*에 서라, 양팔을 머리 위로 올려, 마치 밀리터리 프레스를 하듯이 양손을 문틀 꼭대기에 댄다. 가장 좋은 방법은 손을 머리보다 약간 위쪽에 오게 하는 것이다. NBA 선수가 아니라면 올라설 만한 견고한 박스 하나가 필요하다.

* 사진처럼 철봉 밑에서 해도 된다.

발가락들을 지면에 고정시킨다. 대퇴사두근을 수축해서 슬개골을 위로 끌어올린다. 둔근을 꽉 조인다. 펀치에 대비하듯이 복근을 압축한다(안으로 집어넣지 마라). 동작 내내 얕게 호흡하되, 복부를 이완시키지 않는다. 가라데 수련자들의 말처럼 "방패 뒤에서 숨 쉬듯이 호흡하라."

이제 문틀 꼭대기를 적당한 힘으로 밀어 올린다. 그 느낌에 주목하라, 그러고 나서 이완하라. 짧게 휴식하고 다시 발에서부터 온몸의 텐션을 끌어모은다. 이번에는 위로 밀어 올리지 말고, 자신을 문틀 꼭대기로부터 아래로 즉, 바닥 쪽으로 밀어내는 데 집중하라. 카페트 위에서 한다면 발자국을 남기도록 노력하라. 무릎이 고정된 상태를 유지하고, 허리와 복부는 마치 근육 코르셋을 입은 것처럼 탄탄하게 긴장시켜야 한다.

위로 밀어 올리는 것은 약하다.

신기한 일이 일어날 것이다. 몸이 빽빽하게 압축되고 더 짧아짐을 느끼게 될 것이다. 어깨가 소켓 안으로 빨려 들어가고 그 느낌이 정말 좋을 것이다.* 그리고 프레스 파워가 상승할 것이다!

* 딱딱하게 경직된 어깨와 몸은 좋은 느낌이 적거나 없을 수도 있다.

여기서 얻은 탄탄하게 조이는 느낌과 자기 자신을 밀어내는 느낌을, 진짜 웨이트를 프레스할 때 기억해내야 한다. 그러면 근력이 향상되고 어깨 탄력이 생길 것이다.

주목할 것은 이 동작을 할 때 평정심을 유지해야 한다는 점이다. 자신의 힘에 확신이 없이 허둥대면, 이 방법대로 웨이트로부터 자신을 바닥 쪽으로 밀어내는 것이 아니라 케틀벨을 위로 밀어올리는 생각에 빠질 것이다. 그러면 어깨가 올라가면서 케틀벨도 따라 올라가긴 한다. 그러나 겨우 몇 인치. 그것도 금세 멈출 것이다. 인내와 확신이야말로 훌륭한 힘을 만들어 내는 전제조건이다.

이번에는 한 팔로 동일한, 정적 근육 수축의(isometric) 프레스를 해보자. 복사근을 더 긴장시켜야 함을 깨닫게 될 것이다. 손과 발 사이에 강한 연결을 찾아내기 위해 자세를 조정해야 함을 잊지 말아야 한다.

RKC 스티브 바카리가 '누출(leakages)'이라고 부르는 느슨해진 부분(slack areas)이 있는지 자신의 몸을 스캔하라. 모두 다 텐션으로 틀어막아라. 문틀 상단과 바닥 사이에 자신이 마치 쐐기가 돼 박혀 있는 것처럼 돼라. 잠가 버린 채. 뿌리박은 채. 케틀벨 프레스를 위해 이 모든 느낌들을 기억하라.

웨이트로부터 몸을 밀어내는 것이 강하다.

프레스 마스터 STEP #3: 동선

케틀벨을 직선으로 프레스하지 마라. 삼각근이 지렛대를 잃게 된다. 케틀벨 밀리터리 프레스의 동선은 아놀드 프레스(Arnold press)와 비슷하다. 세미 컬 자세에서 손바닥을 정면 쪽으로 돌리면서 프레스를 시작한다. 쇳덩이를 직선으로 올리지 말고 바깥쪽으로 밀어라. 전완을 항상 수직으로 유지하라. 아놀드 프레스와 달리, 러시안 밀리터리 프레스는 상위지점에서 반드시 팔꿈치를 완전히 펴야 한다.

팔꿈치를 바깥쪽으로 밀어낸다고 상상하라.— '래터럴 레이즈가 리버스 펙 덱을 만나는' 셈이다.—전완을 머리 쪽으로 기울이지 말고 수직으로 유지해야 한다. 이건 정말 기초역학일세, 왓슨*—전완을 수직으로 유지하지 않으면 고중량을 머리 위로 밀어 올리지 못한다. 그러니 극단적으로 다른 방식을 고려해야 한다. 즉, 케틀벨을 몸 옆까지 밀어내는 것이다. 이렇게 하려면 더 많은 근육을 동원해야 한다(심지어 이두근까지). 케틀벨의 독특한 디자인 때문에 전완을 케틀벨의 '둥근 쇳덩이' 부분에 기댄 채 밀어낼 수 있다. 이것은 효과적으로 전완을 '짧게' 만들 수 있어서 지렛대로서의 기능을 향상시킨다.

프레스의 동선.

1

2

* 명탐정 셜록 홈즈(Sherlock Holmes)가 동료 왓슨(Watson)에게 습관적으로 하는 말. "이건 정말 기초일세, 왓슨!"

프레스할 때 케틀벨의 핸들을 꽉 쥐어짜라. 손목을 펴서 탄탄하게 유지해야 함을 명심하라. 케틀벨의 핸들이 새끼손가락 쪽 손바닥 가장 기저의 두툼한 살집 부분에서 쉬도록 하라.

프레스 동작 내내 어깨를 최대한 아래로 밀어 내려라. 중량을 위로 밀어 올리고 있는 게 아니라 당신 자신을 중량에서 밀어내고 있는 모습을 그려 보라.

리프팅을 천천히 그리고 엄격하게 마무리하라. 팔꿈치를 확실하게 락아웃시킨다. 당신에게 절대 관절을 락아웃시키지 말라고 조언하는 덩치 큰 겁쟁이들은 그냥 무시하라. 근육이 강해져야 하듯이 관절도 강해져야 한다. 그 방법이 바로 락아웃이다. 유연성은 또 다른 문제다. 사진을 자세히 보면 힙이 옆으로 아주 미세하게 기울어져 있는 것이 보인다. 쉿덩이 밑에서 몸을 직선으로 만들기 위해서 그런 것이다. 이건 물리적인 문제다. 고중량 케틀벨과 몸의 연결라인은 발끝까지 쭉 직선이 되어야 한다. 그렇지 않다면 뒤로 넘어질 것 같은 기분이 든다.

3

더욱 탁월한 지렛대 효과를 내려면 케틀벨의 둥근 부분을 전완으로 밀어낸다.

4

'고중량'은 상대적으로, 당연하지만—근력보다 체중에 비례한다. RKC 버드 제프리스(Bud Jeffries)와 도니 톰슨(Donnie Thompson)은 체중이 136kg 이상인데 48kg 케틀벨(Beast)을 정자세로 가볍게 프레스한다. 반면에 체중이 77kg인 시니어 RKC 스티브 코터(Steve Cotter)는 48kg의 비스트를 철저하게 프레스할 수 있을 만큼 근력을 갖추었지만 몸을 바닥에 고정시키고 똑바로 직선으로 프레스를 흔들림 없이 할 만큼의 체중은 아니다. 다 뉴턴 때문이다.

엉덩이를 옆으로 살짝 기울이는 것이 몸을 뒤로 기울이는 데 대한 변명이 될 수는 없다. 허리에 나쁜 소식이 된다. 그러나 복근과 둔근을 강하게 수축하면 아무리 고중량이라 해도 뒤로 기울이지 않게 해준다.

프레스를 할 때 정면을 보라. 시선을 위로 올리고 프레스하면 삼두근과 가슴에 힘이 더 생기지만 뒤로 기대게 되기가 쉽다. 러시안 웨이트 리프터들은 머리 위로 프레스하면서 위를 쳐다보면 "목이 물린다"고 말한다. 다른 말로 목이 뒤틀리게 만든다는 뜻이다(염좌). 그러므로 이 속임수는 나쁜 놈을 위해 아껴 둬라.

프레스 마스터하기 STEP #4: 텐션을 유지하는 데 호흡을 이용하라

중량을 클린하기 전에는 정상적으로 호흡한다. 프레스할 때는 복근을 강하게 조이면서 호흡을 멈추거나 얕게 호흡한다. 가라데 훈련자 우에치-류(Uechi-ryu)는 "방패 뒤에서 숨 쉬듯이 호흡하라"고 말하는데, 이것은 이런 유형의 호흡을 훌륭하게 묘사한 말이다.

《파워 투 더 피플!》이나 《더 네이키드 워리어》를 따르는 훈련자라면 다양한 파워 호흡 테크닉을 사용할 것이다. 호흡에서 중요한 사항은 호흡이 텐션을 잃게 만들면 안 된다는 점이다! 텐션을 잃는 순간, 약해지고 다치기 쉽다.

프레스 마스터하기 STEP #5: 케틀벨 내리기

한 달 혹은 두 달에 한 번씩 프레스를 테스트할 때는 케틀벨을 좀 더 편하게 내려도 된다. 팔을 이완해 가슴 쪽으로 내려도 된다. 복근 벽을 세우고, 둔근을 조이고, 충격을 흡수하기 위해 무릎을 살짝 굽혔다 편다(dip). 프레스를 더욱 많이 할 수 있도록 에너지를 아낄 필요가 있다.

C & P를 테스트할 때는 에너지를 아껴라. 케틀벨을 내릴 때 팔을 릴랙스하고 무릎을 딥한다.

훈련할 때는 다르게 할 것이다. 즉 케틀벨을 천천히 컨트롤하면서 내리고, 팔꿈치 공격(elbow strike) 혹은 한 팔 턱걸이(one-arm chin)를 하듯이 광배근과 복사근을 이용해 팔꿈치를 아래로 향해 몸통 쪽으로 당기는 데 집중하라(마침내 광배근을 의식하게 되면, 케틀벨을 프레스할 때 광배근을 이용하려고 노력한다. 미묘한 고급 기술이다).

케틀벨을 랙하면 다시 드롭하고 클린해서 프레스한다.

훈련 시에 근력과 텐션을 이용해 케틀벨을 가슴 쪽으로 내린다. 한 팔 턱걸이를 하듯이 동작한다.

1

2

프레스를 반복하는 데는 두 가지 방법이 있다. 첫째, 프레스를 할 때마다 그 전에 클린을 다시 하는 것이다. 우리는 이것을 '클린 앤드 프레스(C&P)' 라고 부른다. 둘째, 클린을 한 번 한 다음 프레스를 여러 회 반복하는 것이다. 우리는 이것을 '밀리터리 프레스(MP)' 라고 부른다.

C&P는 프레스하는 근육들에 더 많은 스프링을 장전해서, 몸을 타이트하게 유지하고 더 무거운 중량을 사용할 수 있다. MP는 근육을 더 오래 텐션 아래 놓이게 하고 근육을 더 키워준다. 나중에 테크닉이 향상되면 가볍게 훈련하는 날에 C&P를 MP로 대체할 수 있다. 그 전까지는 매번 프레스를 할 때마다 클린을 실시한다.

아이언의 전설 데이브 드래이퍼(Dave Draper)는 덤벨 클린 앤드 프레스를 '가장 중요하고 생산적인 운동' 이라고 격찬했다. 이 말이 케틀벨 클린 앤드 프레스에는 두 배로 적용된다. "이 거친 옛날 운동은 그 체계적인 움직임, 즉 전신을 동원시키고, 또 전신 동원을 수행함으로써 근육 네트워크를 발전시키고, 실용적인 근력을 만들고, 효율적인 심폐능력을 키우며, 인체의 기능적 움직임을 발달시키는 그 특징으로 인해 인기를 되찾고 있다(유행에 민감한 리프터들이 어렵게 찾아냈다). 최고의 운동은 익히고, 완성하고, 도전할 가치가 있다. 힘든 것은 좋은 것이다."

3

4

훌륭한 운동은 연습하고, 연마하고, 계획을 세워서 실행할 가치가 있다.

RKC의 프레스 운영 체계 (Operating System)

1. 프레스는 클린을 잘하는 만큼 잘한다.

a. 클린의 운동 에너지가 발로 똑바로 내려가게 하라.
b. 충돌 전에 전신을 단단히 조여 대비시켜라.
c. 클린의 에너지를 마치 스프링처럼 저장하라.

2. 텐션을 유지하라(Stay tight).

a. 복부에 단단히 힘을 주어라(안으로 집어넣지 마라).
b. 펀치에 대비하듯이 복근을 압축하고 '드러나지 않게 호흡하라.'
c. 둔근을 조여라.
d. 대퇴사두근을 긴장시켜 슬개골을 끌어올려라.
e. 케틀벨 핸들을 꽉 쥐어짜듯이 쥐어라.

3. 견고한 어깨 역학을 이용하라.

a. 어깨를 아래로 유지하라.
b. 광배근을 장전해서 프레스하고, 내려라.
c. 케틀벨을 밀어 올리지 마라, 몸을 케틀벨에서 밀어내라.
d. 직선으로 올리지 말고 호를 그리며 프레스하라. 전완을 케틀벨의 둥근 부분에 대고 밀어내라.

48
kg

★ ★ ★

스내치—
인조인간처럼
지치지 않고,
불사신 같이 고통에
강해지게 만들어 주는

★ ★ ★

쓸 수 있는 시간이
10분 뿐이라면
몇 회의 스내치를 하겠다.

— 미국 대통령 비밀 경호국 암살 방어팀의 교관
(U.S. Secret Service Counter Assault Team), RKC

빠르고 공격적인 한 팔 스내치는 케틀벨 리프팅의 짜르(Tsar)*다. 러시아 군대에서는 팔굽혀펴기 대신 스내치로 테스트하며, 미국의 정예부대에서도 신속하게 채택하고 있는 추세다. 미 해병대 특수수색대(Recon Marines), 공군특수구조대(PJs), 네이비씰, 그리고 다른 특수작전병력(SOF)들이 배치된 이라크와 아프가니스탄에서도 케틀벨을 접할 수 있다. 미 대통령 비밀 경호국 암살 방어팀(CAT)은 10분간 24kg 케틀벨로 기록하는 스내치 횟수로 시험을 본다. CAT요원은 자신이 원하는 만큼 손을 바꿔가며 스내치를 할 수 있다. 양팔을 이용한 총 횟수가 200회이면 찬사를 받고 최고 기록은 250회 이상이다.

스내치는 강철 같은 등, 엉덩이, 손가락을 연마한다. 심폐 지구력을 엄청나게 발달시킨다. 달리기, 점프, 럭비나 미식축구의 몸싸움, 격투기, 그리고 다른 수많은 신체적인 수행능력에 엄청난 영향을 준다. 마지막으로 중요한 사실은 고반복 케틀벨 스내치가 의지력과 고통에 대한 내성(pain tolerance)을 증진시킨다는 점이다. RKC 빌 폭스(Bill Fox)는 몇 년간 이 테스트가 NFL에서 채택되기를 제안하기도 했다. 벤치 프레스를 반복하는 것보다 훨씬 많은 것을 시험할 수 있기 때문이다.

* 제정 러시아의 황제를 일컫는 말.

과제 : 케틀벨 스내치

상황 :

케틀벨 스내치를 한 팔로 실시한 다음 반대쪽 팔로 실시한다.

절차 :

1. 팔을 곧게 유지하는 것만 빼고 모든 것은 스윙과 같다(44~45쪽 참조).
2. 케틀벨을 집어 들고, 다리 사이 뒤를 향해 스윙한 다음, 연속적인 한 동작으로 머리 위로 스내치해서 팔을 곧게 펴서 락아웃한다.

스내치.

1 2

3. 팔꿈치와 어깨를 들썩이거나 케틀벨로 전완을 때리지 않고, 케틀벨을 부드럽게 받는다.
4. 락아웃 상태에서 팔을 머리 옆에 혹은 머리보다 뒤에 오게 한다.
5. 팔과 다리를 곧게 펴고 발과 몸의 동작을 정지한 채 1초 동안 정지 상태를 유지한다.
6. 느슨하면서도 연속적인 한 번의 동작으로 케틀벨을 다리 사이로 내린다. 가슴이나 어깨를 건드리지 않는다. 스내치를 다시 반복한다.

3

락아웃 상태에서 팔을 머리 위치 또는 머리 뒤로 오게 한다.

4

스내치 마스터하기 STEP #1: 하이풀

RKC 안쏘니 딜루글리오는 중급 드릴로 하이풀(high pull)을 소개함으로써 케틀벨 스내치를 교육하는 데 소요되는 시간을 상당히 줄였다.

마치 케틀벨 스윙 또는 클린을 하듯이 케틀벨을 다리 사이 뒤로 스윙한다. 엉덩이로 추진하라. 팔꿈치를 어깨 위에서 재빨리 뒤로 당긴다. 이두근이 아니라 등을 이용한다. 컬(curl)이 아니라 팔꿈치 공격(elbow strike)을 그려 보라. 엉덩이와 등의 동작이 파워풀하게 동시에 일어난다.

풀의 상위자세에서 전완이 처지거나 젖혀지지 않고 전완이 똑바로 뻗게 해야 한다. 즉 지면과 평행을 이룬다.

하이풀.

1

2

풀을 마무리하는 시점에 힙 드라이브를 통해 몸을 케틀벨 방향으로 (공격적으로) 기울여 동작 과정의 절반 정도에서 미리 만난다. 이때 등이 더욱 강하게 수축될 것이며, 균형이 더욱 잘 잡히고, 스내치의 또 다른 미묘하고 중요한 점을 터득하게 될 것이다.

케틀벨을 순간적으로 무중력 상태로 만드는 것을 목표로 한다. 원한다면 핸들을 놓았다가 리듬을 놓치지 않고 바로 다시 잡을 수도 있다.

케틀벨을 다리 사이 뒤로 보내는 하이크 패스를 하고 계속 수행한다.

하이풀은 단지 보완적인 드릴이 아니라 제대로 하면 그 자체만으로도 매우 파워풀한 운동이다. 훈련 다음 날이면 승모근이 아플 것이다.

스내치 마스터하기 STEP #2: 락아웃

스내치는 엉덩이에서 파워가 나온다. 팔은 단지 케틀벨을 집까지 안내하는 역할을 한다. 스내치를 3단 로켓이라고 생각해 보자.

가장 파워풀한 단계는 첫 번째 단계다. 바로 엉덩이다. 케틀벨이 가슴 높이에 이를 때까지 엉덩이가 추진한다.

두 번째 단계는 등 근육이다. 마치 잔디 깎는 기계에 시동을 걸듯이 어깨를 뒤로 확 당긴다. 하이풀을 기억하는가? 이 단계는 첫 번째 단계보다 동작이 더 빠르지만 덜 파워풀하다.

세 번째 단계는 팔이다. 케틀벨이 무중력 상태가 되도록 쳐낸다. 우주선을 발사할 때처럼, 이 마지막 단계는 아주 빠르지만 전혀 파워풀하지 않다. 크로스 펀치가 아니라 잽이다. 팔은 케틀벨을 리프트하는 데 개입하지 말고 궤도를 조정하는 역할만 한다. 주먹을 빠르게 위로 쳐주면 케틀벨은 자리를 잘 잡을 것이다.

명심할 것은 케틀벨로 기울이는 것이다. 락아웃 상태인 케틀벨에 편안하게 기댈 만큼 충분히 유연해지기 전까지는 스내치가 능숙하지 않을 것이다. 겟업을 열심히 이용하라.*

스내치 마스터하기 STEP #3: 전완을 거칠게 다루지 않는다

어떤 남자들은 케틀벨로 전완을 때리거나 전완을 부딪쳐 멍이 드는데 이것으로 자신이 얼마나 터프한지를 보여 준다고 착각한다. 이럴 때면 내가 좋아하는 영화인 〈황야의 7인 The Magnificent Seven〉의 한 장면이 떠오른다. 이 영화는 1960년대에 대형 스크린이 등장했을 때 구소련에서 히트를 쳤다. 내 아버지는 육군사관학교에 계셨을 때 그 영화를 봤던 이야기를 요즘에도 하신다. 희한하게도 그 영화는 수십 년 동안 소련 영화관에서 계속 상영됐다. 그 영화를 1980년대에 내가 군대에 있을 때도 보여 줬다면 믿겠는가? 일주일에 영화 한 편을 시청하는 것이 그 당시에 우리가 즐기던 오락의 전부였다. 이야기가 빗나갔는데 이 영화에서 멕시코의 소작농들이 마을을 보호해 줄 사람을 고용하기로 했을 때 누군가 흉터가 있는 사람을 고용하자고 했더니 다른 한 사람이 그 흉터를 만든 사람을 고용하자고 말했다. 그러니 고중량 케틀벨 스내치를 깔끔하게 많이 해낸다면 터프함의 표식이 될 만하고 멍든 전완은 그렇지 않다.

생각 실험을 해보자. 케틀벨이 뒤집어질 때까지 마치 횃불처럼 머리 위로 들어 올리도록 스윙을 해보자. 만약 핸들을 느슨하게 잡고 있다면—그래야 된다.—케틀벨은 전완의 상단에 떨어지게 될 것이다. 이렇게 되길 원치 않을 것이다.

* 완벽한 스윙과 완벽한 겟업이 되면 10분이면 스내치를 배울 수 있다. 다만, 무거운 케틀벨로 안전하게 고반복 스내치를 하려면 프레스 훈련을 1년 정도 해야 한다(파벨).

다시 한 번 말하지만, 비결은 '호를 길들이기' 혹은 전완과 케틀벨의 간격을 최대한 빨리 좁히는 데 있다. 스내치를 하이풀 직후 짧게 위로 치는 펀치로 생각하라. 케틀벨이 락아웃 지점에 이르면 케틀벨이 핸들 너머 멀리 돌아서 전완을 세게 때리는 걸 허용하지 마라. 대신에 손바닥 하단으로 빠르게 위로 펀치함으로써 핸들이 케틀벨보다 멀리 나가게 하라. 그러면 케틀벨이 전완을 치지 못하게 하면서 전완에서 케틀벨을 부드럽게 받게 된다.

생각보다 더 일찍 펀치를 날려야 한다.—머리 높이에서. 마치 장갑에 손을 넣듯이 핸들 속으로 손을 찔러 넣어라. 손이 '스핀' 하게 해라. 아마 해보면 케틀벨이 주먹 위로 곧게 움직이는 것이 아니라 전완 위로 구르게 됨을 알게 될 것이다. 둘 중에 어떤 방식이라도 괜찮다. 자신만의 스타일을 개발하라.

부드럽게 받는 방법을 마스터하기 전까지는 스내치를 많이 하지 마라. 매일 몇 회씩만 연습하고, 스윙이나 다른 훈련들로 컨디셔닝하라.

나쁜 소식이다, 동지!

뒤로 당기고 펀치 업.

마치 채찍을 휘두르듯이!

스내치 마스터하기 STEP #4: 어깨나 팔꿈치를 혹사시키지 마라

이두근의 개입없이 쇳덩이는 먼 거리를 날아온다.* 그러므로 어깨를 소켓 안에 집어넣고, 락아웃 바로 직전에 팔꿈치를 고정시킨다. 그렇지 않으면 매회 반복할 때마다 팔꿈치와 어깨가 들썩일 것이다.

겟업에서의 이 심상으로 다시 돌아가 보면, 고정된 팔꿈치는 파워의 원천이다. 락아웃된 팔꿈치는 에너지를 위로는 전완으로, 아래로는 어깨로 보낸다. 팔이 케틀벨을 향해서는 '점점 더 길어지고' 동시에 어깨 소켓으로는 강하게 빨려 들어간다. 이 과정은 케틀벨이 스내치에서 연착륙하려는 바로 그 순간, 일어나야 한다.

팔이 어깨 안으로 쑥 들어가고 나면 팔을 이완시켜라. 혈류가 통하도록 손가락들을 풀고 심지어 손가락을 이리저리 움직인다. 그리고 다시 백스윙. 손목은 꺾이지 않게 하라.

스내치 마스터하기 STEP #5: 드롭

드롭은 절대 쉬운 동작이 아니다. 정확하게 세트를 수행해야 제대로 더 반복할 수 있으며, 틀린 동작으로 하면 팔꿈치나 허리를 다칠 수 있다.

드롭.

1

* 이두근이나 승모근으로 당겨 올리는 것이 아니라 엉덩이가 높이 쏘아 올린다.

여기에서 새로운 것은 없다. 엉덩이를 먼저 움직여라. 고관절을 접어서 몸 뒤로 하이크 패스 하라. 팔을 곧게 편 채로, 몸과 가깝게 드롭하라. 이것을 벽 앞에서 연습하는 것은 위험하지만, 벽이 있다고 상상하고 연습하는 것이 좋다. 발뒤꿈치를 뿌리박으며 마무리하라.

반대쪽 손은 하강하는 케틀벨과 조화를 이루며 동시에 민첩하게 뒤로 보낸다. 그렇게 움직인다면 올라오는 자세에서 팔을 마치 방어 자세처럼 흔들게 된다(똑같은 테크닉이 한 팔 스윙에서 사용된다).

호 길들이기를 명심하라.

2

3

미 대통령 비밀 경호국 암살 방어팀 10분 스내치 테스트

알버트 아인슈타인(Albert Einstein)이 말했다. "무엇이든 가능한 한 최고로 단순하게 만들라. 그저 전보다 단순하게가 아니라" 우리는 케틀벨 훈련도 이렇게 생각한다. 나는 항상 훈련의 단순화를 선호한다. 원맨, 원 케틀벨(가끔 2개), 그리고 푸른 잔디밭.

그러나 단순하긴 하지만, 엄청나게 어려운 훈련일 수 있다. 사실은 무시무시하다는 표현이 더 맞을 것이다. 10분 스내치 테스트의 역사는 이러한 철학에서 비롯됐다. 엄청나게 많은 장비들이나 번지르르한 공간 따위는 필요 없다. 단지 케틀벨 하나, 사람 한 명, 그리고 푸른 잔디밭이면 된다.

테스트를 개발할 때 우리는 요원들이 상황을 계속 인지하면서도(즉, 정신줄을 놓지 않으면서도) 그들의 신체적 한계점을 넘기도록 푸시할 방법을 찾고 있었다. 우리의 견해로는 케틀벨 스내치가 딱 맞았다. 모든 특수요원들이 갖춰야 할 근력, 무산소 컨디셔닝, 배짱, 용기를 모두 테스트할 수 있기 때문이다. 극심하게 지쳐 있을 때야말로 집중하기가 가장 어렵다는 것은 잘 알려진 사실이다. 그러므로 이 테스트를 치르는 동안 또는 결과가 비극적이라 해도 작은 세부 항목들(엉덩이 접기, 코로 호흡하기, 엉덩이로 발사, 척추 안정화하기, 어깨 안정화하기 등)에 초점을 두는 것이 매우 중요해진다. 처음에는 5분 스내치를 효과적으로 여겼지만, 그것으로는 충분하지 않음을 곧 깨달았다. 요원들이 이 테스트를 수행할 때 5분 시점에서 많은 이들이 매우 편안한 표정으로 하는 것을 발견하게 된다. 이 시점에서는 매우 빠르게 회복할 것이므로 테스트를 수행하는 이들에게 걱정하지 말라고 말해 준다. 약 7분이 지나면 극한의 공포로 전율하는 표정이 드러나기 시작하는데 이때 우리는 여기까지만 힘들고 이 순간만 지나면 괜찮을 것이라고 말해 준다. 그리고 9분이 지나면 누가 더 덩치가 크고 강한지는 의미가 없고 오로지 누가 더 배짱이 센지만 남는다. 10분째는 구토를 대비해 양동이를 준비한다!

이 테스트는 실제로 성공을 거두었고 현재까지 부상 사례도 보고되지 않았다. 모든 요원들이 동일한 24kg 케틀벨을 사용하는 것 외에 필요한 것은 부츠, 전투복, 스톱워치이다. 참, 깜빡 잊을 뻔했는데 양동이를 잊으면 안 된다!

이름을 밝힐 수 없는,
미국 대통령 비밀 경호국(United States Secret Service)
암살 방어팀 교관(Counter Assault Team Instructor)

풀 운동(스윙, 클린, 하이풀, 스내치)에 대한 RKC의 운영 체제

1. 엉덩이부터 움직여라.

a. 하향 동작 시 고관절의 접히는 부분을 마치 다림질할 때 주름을 잡듯이 접어라. 고관절굴근을 당겨라.

b. 상향 동작 시 무릎을 앞으로 내밀지 않으면서 엉덩이로 추진하라.

2. 호를 길들여라.

a. 하향 동작 시에 '하이크 패스'를 사용하라.

b. 상향 동작 시에 '잔디 깎는 기계에 시동 걸 때와 같은 동작'을 사용하라.

c. 스내치와 하이풀에만 해당됨 : 상위지점에서 케틀벨을 기울여라.

d. 클린에만 해당됨 : 어깨가 아니라 허리에 클린한다고 생각하라.

3. 파워 호흡을 하라.

a. 하향 동작에서 코를 통해 급격히 뱃속으로 숨을 들이마신다. 이때 케틀벨은 최하단 지점으로 움직인다.

b. 상위지점에서 급격하게 '츠', '후', '츳' 하는 소리를 내면서 부분적으로 숨을 내쉰다.

c. 척추가 취약해질 때마다 '방패 뒤에서 숨 쉬듯이 호흡한다'. 즉 펀치를 방어하려는 듯이 복부를 긴장시킨다.

4. 느슨함을 유지하라.

a. 팔에 긴장을 푼 상태로 유지한다.

b. 핸들을 움켜잡지 말고 손가락을 걸듯이 잡는다.

5. 견고한 어깨 구조를 이용하라(스내치에만 해당됨).

a. 팔꿈치를 락아웃할 때 어깨가 쏙 들어가게 하라.

b. 팔꿈치를 완전히 락아웃한다.

CHAPTER IV

사내 중의 사내가 되기 위한 단계별 가이드

48
kg

CHAPTER 4:

사내 중의 사내가 되기 위한 단계별 가이드

★ ★ ★

자신만의 보르쉬(borsch)*를 만들어라. 그리고 그것을 먹어라. —다양성의 위험, 그리고 그 위험을 피하는 법

★ ★ ★

욕구는 단순하고도 명확해야 한다. 너무 많고, 너무 복잡하거나, 한 사람이 성취할 수 있는 수준을 넘어서면 목적에 어긋난다.

— 조지 S. 클래슨(George S. Clason), 1926년 더 리치스트 맨 인 바빌론(The Richest Man in Babylon)에서.

이 책으로 내가 도전하는 과제 중 하나가 바로 동지를 기본(풀 운동과 프레스)에 충실하게 만드는 것이었다. 만약 어떤 사람에게 공산당 당 카페테리아의 뷔페가 제공된다면, 노동 계급의 식사인 보르쉬를 계속 먹을까?

다양성 그 자체를 가장 중요한 것으로 여기기 쉽다. 그러면 훈련의 초점을 상실하게 된다. 하지만 미국인에게 플레인 바닐라 엑서사이즈(완전한 기본운동)에 매달리라고 하는 것은 마치 어린아이에게 사탕가게에 가지 말라는 것처럼 현실적인 문제다. 그래서 당신**에게 새로운 운동의 즐거움도 주면서 원래 목표한 훈련도 지속할 수 있게 하는 계획을 제시하겠다. (놀랍지 않게도) 이 계획은 메이드 인 USA다.

1939년, 밥 호프만(Bob Hoffman)은 저서 《웨이트 리프팅》에 이렇게 썼다. "정말 야심차지만, 혹독한 체력 훈련은 탐닉하지 않는 남자를 위해서…… 주5회의 훈련 시스템이 가장 좋은 결과를 줄 것이다."

* 러시아식 수프.

** 미국인.

★ 월요일 – '컨디션에 따라 강도를 조절하는(moderate)'
★ 화요일 – '다양하게'
★ 수요일 – '월요일보다 강도가 더 높은'
★ 목요일 – '다양하게'
★ 금요일 – 휴식
★ 토요일 – '한계지점까지'
★ 일요일 – 휴식

위에 나온 토요일, 월요일, 수요일의 훈련 계획은 주요 리프팅(당신에게는 풀 운동과 프레스)에 적용되는 클래식한 고-저-중 시스템이다. 어떤 사람은 이렇게 질문할 것이다. "왜 쉬운 워크아웃이랑 중간 정도 워크아웃으로 날 귀찮게 하는 거죠? 그냥 매일 최고치로 훈련하면 안 되나요?"

대부분의 복합적인 현상은 순환된다. 거의 1세기 전 회계사 랄프 넬슨 엘리어트(Ralph Nelson Elliot)*는 병상에서 누워 지내던 몇 년 동안 주식시장의 변동을 분석했다. 결국 그는 시장의 다운사이징(downsizing)이 문제가 아니라 주가가 새로운 고점에 도달하게 하는 구조적 조정이 문제라는 걸 알게 됐다. 구조적 조정의 최저점에는 '상승파(advancing wave)'**가 뒤따르는 것이다. 이것이 바로 월스트리트에서부터 우리 몸에 이르는 모든 복합적 시스템이 작동하는 방식이다. 낮은 계곡일수록 더 높은 고점이 따르고 높은 계곡은 그 반대로 움직인다. 이것은 러시아의 리프터들이 지속적으로 훈련 부하에 변화를 주는 이유다. 더 자세한 내용은 내 저서인 《비욘드 바디빌딩 *Beyond Bodybuilding*》을 참고하라. 이것 하나는 분명히 알아 둬라.—순환법칙이 틀렸음을 증명하려던 리프터들의 헛수고들이 웨이트 트레이닝 역사의 쓰레기통을 꽉 채우고 있다.

화요일과 목요일에는 "아주 다양한 운동들—즉 진짜 리프팅들을 하는 날에는 안 하는 운동들을 하라"고 호프만은 조언한다. 다양한 운동을 하는 날에는 낮은 강도를 유지한다. 이날은 문자 그대로 연습하는 것이다. 즉 하얗게 불태워 버리는 게 아니라 적당히 즐기는 수준에서 연습하고 싶은 걸 뭐든지 다 한다. 다양한 운동 날에는 마티 갤러거가 '인-비트윈 스트렝쓰(in-between strength)'***라고 부르는 훈련을 하는 데 안성맞춤이다. 이것은 전통적인 풀 운동과 프레스로 다루지 못하는 각도와 가동범위를 단련하는 운동들이다. 그러니 겟업, 윈드밀, 벤트 프레스를 하라. 그리고 나와 내 수석 지도자들이 제공하는 DVD를 참고해 다양한 케틀벨 동작들을 시도해 보라. 풀 운동과 프레스 하는 날은 가능한 한 열심히 하라. 다양한 운동을 하는 날에는 격렬하지 않게 하라. 그렇다고 하는 둥 마는 둥은 아니다.

훈련 일수는 자신이 원하는 만큼 조정할 수 있다. 웨이트 리프팅 경기는 토요일에 열리는데, 밥 호프만이 고강도 훈련을 이날로 잡는 이유가 바로 그것이다. 요크 바벨(York Barbell)**** 출신 빌 스타(Bill Starr)*****는 자신이 가르치는 미식축구 선수들에게 월, 수, 금요일에 각각 고강도, 저강도, 보통 강도로 훈련하게 했다. 이 방법은 RKC가 되기 위한 통과의례(Rite of Passage) 프로그램에도 다음과 같이 적용된다.

- ★ 월요일 – 고강도(heavy) 프레스, 풀 운동
- ★ 화요일 – 휴식
- ★ 수요일 – 저강도(light) 프레스, 풀 운동
- ★ 목요일 – 다양하게
- ★ 금요일 – 중강도(medium) 프레스, 풀 운동
- ★ 토요일 – 다양하게
- ★ 일요일 – 휴식

월요일 혹은 목요일에 고강도 훈련을 하도록 계획을 재조정해도 된다. 러시아에서 실시한 한 연구에 따르면, 이날 당신의 몸이 가장 강하다고 한다.

- ★ 월요일 – 중강도(medium) 프레스, 풀 운동
- ★ 화요일 – 다양하게
- ★ 수요일 – 휴식
- ★ 목요일 – 고강도(heavy) 프레스, 풀 운동
- ★ 금요일 – 저강도(light) 프레스, 풀 운동
- ★ 토요일 – 휴식
- ★ 일요일 – 다양하게

다양한 훈련을 하는 날은 건너뛰어도 상관없다. 그러나 고강도, 저강도, 중강도의 프레스 / 풀 운동훈련일은 생략하면 안 된다. 상황이 여의치 않아 하루를 앞당겨 훈련하더라도, 생략하지 마라. 피곤하다면, 이겨내라. 시간이 없다면, 식사를 건너뛰고 시간을 만들라. 여행을 간다면 케틀벨을 들고 가라. 많은 군인들이 전장에도 케틀벨을 가지고 간다. 그러니 어떤 변명도 구차할 뿐이다.

* 엘리엇 파동 이론(주가가 상승 5파동과 하락 3파동으로 움직이며 끝없이 순환한다는 이론)의 창시자.

** 주가의 최저점에서 신고점으로 주가를 밀어 올리는 파동. 결국 상승파가 따르기 때문에 주가는 최저점에서 신고점으로 다시 상승한다.

*** 중간 스트렝쓰. 즉 미들 텐션(middle tension)을 유지하는 정도의 운동.

**** 요크 바벨 클럽. 밥 호프만에 의해 1932년 창설된 역도, 파워리프팅 클럽. 현재도 왕성한 활동력을 보여 주는 클럽으로서 미국 뿐 아니라 전 세계 바벨 운동의 역사를 창조하고 이끌어 왔다.

***** 요크 바벨 출신이자 유명 미식축구 팀의 코치를 지낸 리프팅 코치. 그에 의해 5×5 프로그램이 대중화됐다.

48
kg

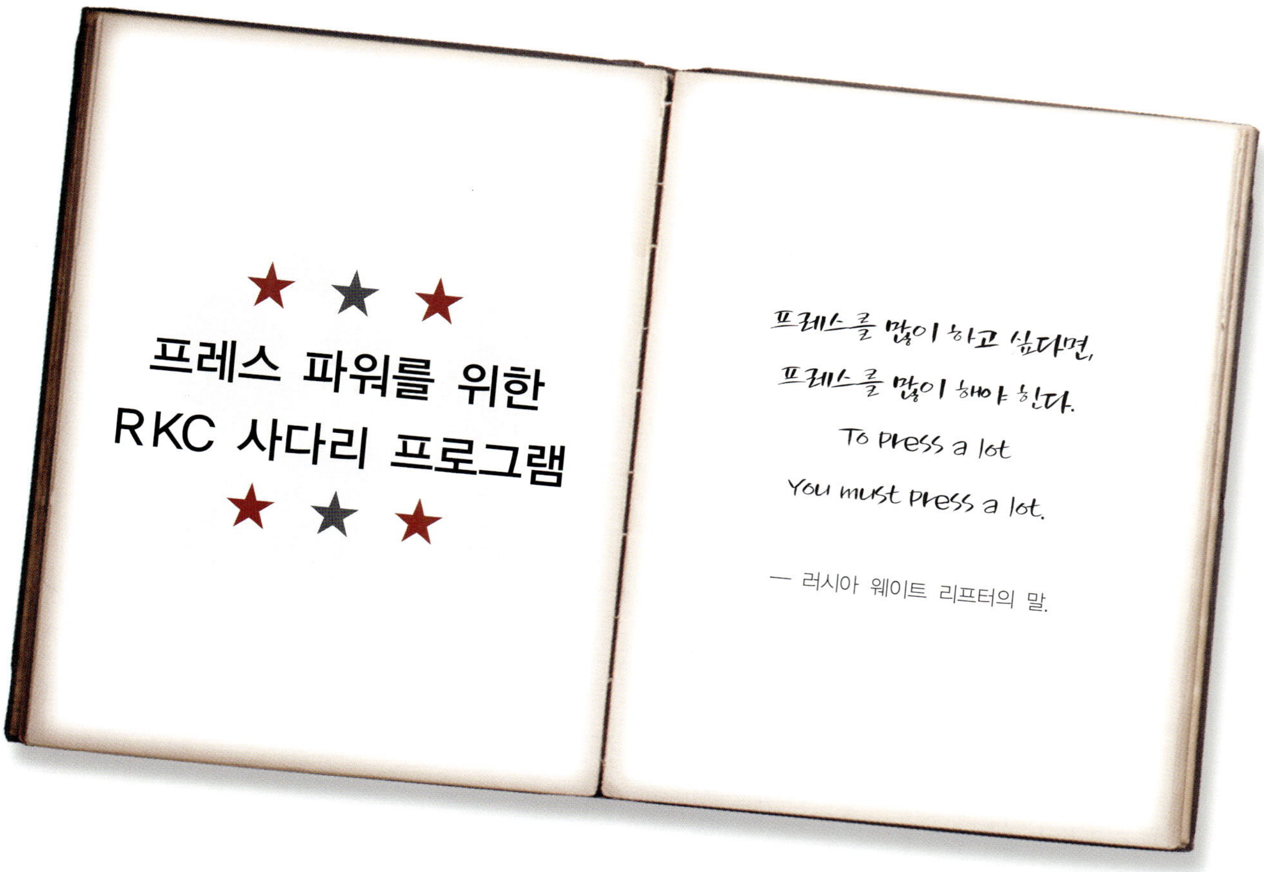

파티에서 주최자가 어떤 러시아 사람에게 보드카를 마실 것인지 위스키를 마실 것인지 묻자 그 사람의 대답은 "데킬라!"였다고 한다.

보디빌딩에서 '강도(intensity)' 중심 그룹과 '볼륨(volume)' 중심 그룹은 운동 강도를 더 높이는 게 나을지 양을 더 늘리는 것이 중요할지 멍청하고 무의미한 논쟁을 벌인다. 정답은, 근력 발달이 목표라면 둘 다 중요하다는 것이다.

볼륨은 킬로그램이나 파운드로 측정하는데, 훈련 시에 들어 올리는 총 중량을 말한다.

강도는 분당 들어 올린 kg에서부터 선수의 심박수에 이르기까지 경기 종류에 따라 여러 기준이 있다. 하지만 경기 종류가 '강력한 스트렝쓰'에 관한 것이라면 강도는 오직 단 하나로 정의된다. 간단히 말해서 훈련 때 들어 올리는 중량의 평균이다. 중량 단위가 킬로그램이든 파운드든 푸드 혹은 1RM(최대 1회 들 수 있는 중량)의 퍼센티지든 상관없다.

효과적으로 근력을 발달시키려면 매 훈련마다 고중량으로 많은 반복 수를 수행해야 한다. 이 역설적인 필요조건을 충족시키는 가장 간단한 방법 중 하나는 러시아인들이 '사다리(ladder)'라고 일컫는 방식이다.

우선 자신이 클린 앤드 프레스를 대략 5~8회 정도 반복할 수 있는 케틀벨을 고른다(항상 클린 다음에 프레스를 실시한다). C&P를 더 약한 쪽 팔로 1회 실시하고 손을 바꿔서 더 강한 쪽 팔로 1회 한다. 그리고 휴식. 이젠 각 팔 2회 반복. 한 번 더 짧은 휴식. 이젠 3회를 반복. 그리고 1회부터 다시 시작.

첫 주에는 세 개의 사다리를 오름으로써 총 18회(한 팔당)를 반복한다. 그 다음 주에는 사다리를 하나 추가하고, 세 번째 주에도 사다리를 하나 추가한다. 그러면 다섯 사다리로 총 30회(한 팔당)가 된다. 그때부터는 다섯 개의 사다리를 유지한다.

각 사다리에서 가장 높은 '단(rung)', 특히 마지막 리프트에서 힘들 수 있다. 그러나 절대 실패해선 안 된다. 절대 실패지점까지 훈련하지 마라! 그 이유를 알고 싶다면《파워 투 더 피플!》을 읽어 보라. 당은 언제나 옳다!

네 번째 주에는 다섯 개의 사다리를 그대로 유지하지만 4회 반복을 슬슬 시도한다. 처음에는 첫 사다리만 〔1, 2, 3, 4회〕로 하고 나머지 네 사다리는 그대로 〔1, 2, 3회〕로 실시한다. 이것으로 충분하다! 마지막 세트에서 악전고투하지 마라. 즉 한계지점까지 가지 않고 성장하는 것이다. 5×〔1, 2, 3, 4회〕를 아무 문제없이 할 수 있을 때—총 50회의 질 좋은 반복을 거의 땀 한 방울 흘리지 않고 할 수 있을 정도—까지 계속 이 방식으로 훈련한다.

당신이 준비가 다 된 다음에는 뭘 해야 할지 자연스럽게 알게 될 것이다. 바로 5×〔1, 2, 3, 4, 5회〕, 결국 고중량 케틀벨로 해내는 기똥찬 75회(한 팔당)의 C&P다! 그 전까지는 5개의 사다리를 해라. 인내심을 가지고 사다리를 하나하나 오르는 거다.

며칠 휴식을 취하고 고중량 케틀벨을 이용해 스스로 테스트해 보라. 향상된 근력에 아마 깜짝 놀랄 것이다. 그런 다음에는 더 무거운 케틀벨을 이용해 이 과정을 다시 시작한다.

가장 완벽한 세트 사이 휴식 간격은?

만약 보드카가 강도이고 위스키가 양이라면 데킬라는 밀도(density)에 비유할 수 있다. 밀도는 더 적은 시간에 더 많은 훈련을 하는 것을 말한다. 분당 마신 잔 수—그러니까 몇 파운드를 들어 올렸는지—로 측정할 수 있다.

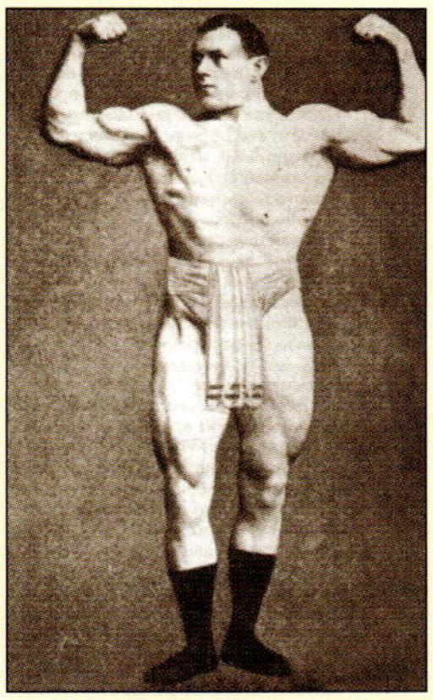

근력 발달이라는 목표를 위해 앞서 말한 다섯 사다리를 오르는 데 15분이 걸리든 한 시간 혹은 하루 종일이 걸리든 별 차이가 없다. 1915년 잡지 《헤라클레스 *Hercules*》에는 크라예브스키 박사(Dr. Krayevskiy)*가 '러시아의 사자' 조지 하켄슈미트(George Hackenschmidt)**의 훈련을 어떻게 지도했는지 실렸다. 그는 "매일 아침 저녁으로 2번씩, 하루에 2~3시간, 중간 사이즈의 중량을 들고 싱글로 한다"고 했다.

무겁게 들고, 언제나 쌩쌩 하라(Lift heavy and stay fresh). 내 책 《더 네이키드 워리어 *The Naked Warrior*》의 용어를 사용하면 '홈에 기름을 치는 것이다(Grease the groove).'

보디빌딩은 다른 종류의 게임이다. 근육 만들기에 대한 복잡한 과학은 간단한 설명으로 요약될 수 있다. 바로 **고중량으로 펌핑을 얻어 내는 것이다.** 그리고 이것은 매우 짧은 휴식 시간을 사용해야 가능하다.

세트 사이 휴식 시간이 양극단(어떤 경우는 1분 미만, 다른 경우는 10분 또는 그 이상) 이라고 해도 서로 다른 이유로 당신을 강하게 만들어 줄 것이다. 매우 짧게 휴식하면 찰스 스테일리(Charles Staley)의 EDT 프로그램(edtsecrets.com)***방식으로 근육이 발달할 것이다. 또 매우 길게 휴식하면 《더 네이키드 워리어》의 GTG 방식, 힘의 기술을 향상시킴으로써 강해질 것이다. 중간 정도의 휴식은 근육발달과 신경 적응력을 함께 가져 온다. 이러한 이유로 이 책은 세트 사이에 얼마나 휴식을 취해야 하는지 정확하게 제시하지 않는다. 복잡할 이유가 있나?

* 케틀벨의 아버지. 케틀벨 훈련을 과학적으로 조직하고, 케틀벨 스포츠를 창조했다. 스스로 40대에 처음 케틀벨을 시작해 많은 효과를 봤다.

** 러시아 출신의 레슬러이자 스트롱맨. 1900년대 초 영국에서 주로 활동했고 '러시아의 사자'라는 별칭으로 불렸다. 버나드 쇼와 지적 논쟁을 벌일 만큼 지성과 힘 모두 갖춘 인재로서 현대의 스트롱맨 스포츠와 파워 리프터, 레슬러, 보디빌더 모두에게 큰 영향을 미쳤다.

*** 트레이너 찰스 스테일리의 Escalating Density Traning 프로그램.

위 과정은 고강도 훈련일에도—호프만의 주간 훈련표에선 토요일—적용된다. 프레스를 할 때 마지막 주 고강도 훈련일 '한계지점까지'는 고강도의 사다리 훈련을 뜻한다.

'컨디션에 따라 강도를 조절하는(moderate)' 날이나 수요일의 저강도 워크아웃은 고강도 훈련일과 사다리 개수(5)는 같다. 그러나 고강도 훈련일의 사다리보다 두 단 아래에서 끝낸다. 예를 하나 들겠다. 고강도 훈련일에 2×〔1, 2, 3, 4, 5회〕와 3×〔1, 2, 3, 4회〕로 했다면, 저강도 훈련일인 월요일에는 5×〔1, 2, 3회〕로 한다(4, 5회를 뺐다). 그렇게 하면 고강도 훈련일에 총 60회를 했고 저강도 훈련일에는 총 30회를 했다. 훈련량이 50% 줄어든 것이다. 게다가 4회, 5회가 아니라 3회에서 멈추니까 훨씬 덜 힘들 것이다.

'월요일보다 강도가 더 높은' 훈련일이나 중강도 훈련일에는 고강도 훈련일의 사다리보다 한 단 아래에서 끝낸다. 예를 들어 5×〔1, 2, 3, 4회〕로 한다(5회를 뺐다). 총 60회에서 총 50회로 즉, 10회 또는 15% 정도 전체 볼륨이 줄어들게 된다. 그래서 저강도처럼 쉽지도 않고 고강도처럼 혹독하지도 않다. 즉 저강도와 고강도 사이이다.

예를 하나 더 들겠다. 고강도 훈련일에 5×〔1, 2, 3회〕로 한다면 저강도 훈련일에는 5×1회, 그리고 중강도 훈련일에는 5×〔1, 2회〕로 하면 된다.

고강도-저강도-중강도 사다리 훈련 계획은 칼라시니코프(Kalashnikov) 돌격 소총만큼 단순하면서 확실하다. 다소 지루할 수 있다. 하지만 그것은 당신의 문제다. 법률가가 예술가보다 스트렝쓰 스포츠에서 성공한 사례가 더 많다. 왜냐하면 반복적이지만 필수적인 지루한 과제를 법률가가 더 잘 수행하기 때문이라고 한다. 생각해 보라.—당신이 스트렝쓰 프로그램에서 찾는 것이 스트렝쓰인가, 오락거리인가?

RKC가 되기 위한 통과의례

스케줄과 진행 과정

★ **월요일 - 저강도(easy) 프레스 : 토요일보다 2단 낮은 사다리 오르기**

★ **수요일 - 조절하는 강도(moderate) 프레스 : 토요일보다 1단 낮은 사다리 오르기**

★ **금요일 - 고강도(Hard) 프레스 : 한계지점까지 사다리 오르기**

토요일(고강도 훈련일)

1. 프레스 전에 매번 케틀벨 클린을 재실시하라.
2. 5~8회 프레스할 수 있는 케틀벨로 훈련을 시작하라. 프레스 전에 매번 클린을 재실시하라.
3. 세트와 사다리 사이로 돌진하지 마라. 쉬고 하라.
4. 세 개의 사다리로 3×(1, 2, 3회)로 시작한다. 둘째 주는 4개의 사다리, 셋째 주에는 5개의 사다리 형태로 실시한다. 그 이후로는 5개 사다리 형태로 유지한다.
5. 5×(1, 2, 3회)로 실시할 수 있게 되면,* 사다리 수는 5개로 유지하고 횟수를 4회까지 늘린다.
6. 5×(1, 2, 3, 4회)로 실시할 수 있게 되면,* 사다리 수는 5개로 유지하고 횟수를 5회까지 늘린다.
7. 5×(1, 2, 3, 4, 5회)로 실시할 수 있게 되면,* 더 무거운 케틀벨로 늘린다.

월요일(저강도 훈련일)

1. 프레스 전에 매번 케틀벨 클린을 재실시하라.—테크닉이 견고하게 숙달되면 클린을 1번 하고 랙 자세에서 다수의 밀리터리 프레스를 실시하라.
2. 5개의 사다리를 토요일 훈련보다 2단 짧게 실시하라.

수요일(중강도 훈련일)

1. 프레스 전에 매번 케틀벨 클린을 재실시하라.
2. 5개의 사다리를 토요일 훈련보다 1단 짧게 실시하라.

* 질 좋은 반복을 깔끔하게 해낼 수 있을 정도(파벨).

풀업 – 프레스의 단짝

당신의 루틴에 풀업(pull-up)을 추가함으로써 상체 근력을 상당히 성장시킬 수 있다.

프레스와 풀업을 교대로 하는 교대 세트에 프레스 훈련과 동일한 세트 수와 반복 수를 사용하라. 즉 왼쪽 프레스, 오른쪽 프레스, 풀업, 왼쪽 프레스 2회, 오른쪽 프레스 2회, 풀업 2회, 왼쪽 프레스 3회, 오른쪽 프레스 3회, 풀업 3회 등이다. 풀업을 프레스만큼 할 수 있는 수준이 아니라면 사다리 수만 같게 하고 횟수는 다르게 한다. 예를 들면, 5×(1, 2, 3, 4회) 프레스와 5×(1, 2회) 풀업으로 하는 것이다. 반대로 풀업을 잘해서 체중을 이용한 풀업을 10회 연속으로 반복할 수 있다면 5~8RM이 될 만큼 중량을 몸에 매달고 한다. 중량을 매달 웨이트 벨트가 없다면 러시아 특수부대 스타일로 케틀벨을 발등에 걸고 실시한다. 그러면 준비 완료다.

풀업 바를 잡고도 다리를 쭉 뻗을 수 있을 만한 높이의 철봉을 사용하라. 항상 팔과 몸을 완전히 편 자세에서 시작하고 풀업 바에 목 또는 가슴 상부가 닿을 만큼 높이 당겨라. 하강 시에는 충분히 컨트롤하면서 팔꿈치가 곧게 펴질 때까지 내려라. 다음 반복을 하기 전에 잠시 멈춰라. 몸이 흔들리거나 너무 오래 머물지 마라. 내 부대에서는 이 정도가 안 되면 숫자를 세지 않았다.

매번 혹은 이따금씩 풀업 유형에 변화를 줘도 된다. 예를 들면 풀업, 택티컬 풀업, 친업, 링 친업, 타월 풀업, 넓게 잡고 하는 풀업 등등이다. 명심할 것은 고강도–저강도–보통 강도 원칙이다.

풀업이 당신에게 파워를!

★ ★ ★

휴식은 더 적게, 스내치는 더 많이

★ ★ ★

조절된 피로는
워리어 다이어트의 컨셉에 속한다.
조절된 피로 하에서 트레이닝된 몸은
긴 실패지점에 도달하지 않고
긴 기간 동안의 강한 압박에
적응하는 법에 대해 익힌다.

— 오리 호프메클러(Ori Hofmekler),
《디 워리어 다이어트 *The Warrior Diet*》 중에서

근력과 컨디셔닝은 동일한 규칙으로 작용하지 않는다. 당신의 컨디셔닝—스윙과 스내치—워크아웃을 제시한다.

고반복의 케틀벨 풀 운동을 프레스와 같은 날, 프레스 후에 하라. 훈련 기준은 USSS 스내치 테스트처럼 횟수가 아니고 시간이 된다. 단 존의 책에는 '주사위 한 쌍을 들고 자신의 운을 시험하라'는 말이 있다. 주사위 한 쌍을 던져서 '스네이크 아이'가 나오면(한 쌍의 1이 나오면) 2분 동안 풀 운동을 한다. 한 쌍의 6이 나오면 당신은 행운아—12분 동안 스내치를 하라. 알겠나.

역시 고강도-저강도-중강도 예제를 따르라. 토요일의 고강도 훈련일에 스윙을 전력을 다해 실시하라. 주사위 한 쌍으로 결정된 시간대 안에서 완벽한 동작으로 몇 회를 반복하는지 세어 보라. 자신이 원하는 만큼 세트당 많이 혹은 적게 반복하고, 자신이 필요할 때마다 케틀벨을 내려놓고, 강하게 밀어붙인다. 몸이 더욱 발달할 것이다.

월요일은 저강도 훈련일이다. 이날은 스내치를 한다. 주사위를 굴려서 시간을 정하고 그 시간 동안 전력을 다 할 때 할 수 있는 횟수의 50~60% 정도를 한다.

수요일은 중강도 훈련일이다. 이날은 다시 스윙을 한다. 전력을 다 할 때의 70~80% 정도로 실시한다. 숫자에 집착하지마라. 느낌으로 조절하라. 키워드는 '강도를 조절하는'이다.—우리 학생들 중 한 명의 표현으로 '컴포터블 스탑'이다.

토요일에 주사위를 굴려 5분이 나왔고 전력을 다해서 스윙했고 100회를 기록했다고 하자. 월요일에는 주사위가 10이 나왔고, 전력을 다하는 수준의 절반 수준으로 스내치를 했고 75회를 했다. 수요일 중강도 스윙의 날, 주사위를 굴려 다시 5분이 나왔고 70회를 실시했다. 훈련 내용을 잘 기록하라. 정리하는 방법은 다음과 같다.

Sw 24kg × 100/5min H
Sn 24kg × 75/10min L
Sw 24kg × 70/5min M

RKC가 되기 위한 통과의례 풀 운동 스케줄

풀 운동 훈련 때마다 주사위 한 쌍을 굴려 훈련 시간을 결정한다. 그러면 시간대는 2~12분 사이가 될 것이다.

★ **월요일 – 저강도 스내치 : 정해진 시간 안에 전력을 다할 경우에 할 수 있는 수준의 50~60%.**

★ **수요일 – 조절하는 강도 스윙 : 정해진 시간 안에 전력을 다할 경우에 할 수 있는 수준의 70~80%.**

★ **금요일 – 고강도 스윙 : 정해진 시간 안에 전력을 다할 경우 할 수 있는 만큼 많이.**

언제 케틀벨 무게를 올릴지는 당신의 결정에 달렸다.

스내치가 당신의 목표 중 하나라는 점을 고려한다면, 스내치를 겨우 한 번만 그것도 저강도 훈련일에 연습하는 것이 이상할 것이다. 두 가지 이유가 있다. 첫째, 케틀벨 훈련 첫 해에는 어깨와 팔꿈치가 많은 스내치를 할 수 있는 조건이 아니다. 걱정하지 마라. 저강도 스내치 더하기 고강도 스윙과 프레스 훈련을 통해서 테스트일에 놀라운 횟수로 스내치를 할 수 있게 될 것이다. 둘째, RKC 통과의례 프로그램은 많은 프레스를 포함하고 있다. 그래서 풀 운동을 할 즈음이면 어깨가 지치게 될 것이다. 이미 알고 있겠지만 스내치는 어깨를 많이 쓰게 한다. 그러니 절반 정도의 강도로 스내치를 할 뿐 아니라 일주일 중 가장 강도가 낮은 훈련일에 실시한다. 만약 저강도 훈련일에도 스내치의 자세가 나쁘다면 그날의 워크아웃은 하이풀로 마무리한다.

어깨나 팔꿈치가 뒤틀렸다면

알다시피 이것은 당신의 잘못이다. 너무 많이, 너무 빨리, 너무 엉성하게 했다.

어깨 혹은 팔꿈치 비틀림을 직접 판단해 본다. 의학적 치료가 필요 없는 사소한 타박상이라면 저강도 훈련일에 스내치 대신 스윙을 실시하고 프레스를 RKC 프로그램 미니멈 스타일 겟업 5분으로 대체해 실시한다. 러시아 리프터들의 표현대로 '부상을 다 뽑아낼' 때까지 이렇게 한다.

지금부터는 RKC 안쏘니 딜루글리오가 복싱용어를 케틀벨에 적용한 표현대로, 케틀벨 '라운드'를 실시한다.

러시아의 상급 기르빅들은 세트 수나 횟수보다는 분당 기준으로 훈련한다(당신들은 그들처럼 엘리트가 아니다. 그러나 다른 이유로 그들과 똑같이 분당 훈련을 할 것이다). 시간 기준 세트 훈련은 마치 사다리 훈련처럼 안전하고 확실하고 융통성이 있다. 세트 수나 횟수를 달성하는 대신 훈련으로 채우는 시간 기준으로 루틴을 정하면, 자연스럽게 다양한 체력 수준에 적용할 수 있다. 이것은 시니어 RKC 스티브 맥스웰과 RKC 안쏘니 딜루글리오가 그들의 케틀벨 수업에서 시행하는 방법이다. 다양한 체력 수준의 훈련자들이 동일한 워크아웃을 해도 문제될 게 없다.

초보자는 16kg 케틀벨로 스내치 50회를 5분 내에 실시하면 지칠 만하다. 그러나 괴력의 시니어 RKC 스티브 코터는 똑같은 5분 동안 32kg짜리 케틀벨로 110회를 반복해야지 지친다. "아주 강도 높게 해야 다리가 후들거리고 심박수가 가슴을 마구 두들기는 정도가 된다"고 한다.

때로는 한 번의 워크아웃으로 모든 걸 만족시킨다. 시간제 워크아웃은 세트 수와 횟수를 지정해야 하는 어려움에서 자유롭다. 스티브 코터는 이렇게 했다. "30/30-휴식, 10/10-휴식, 10/10-휴식, 6/4-시간 완료. 5분 동안 총 110회 기록…… 휴식할 때는 케틀벨을 내려놓습니다. 첫 세트 후에는 겨우 15초 정도 휴식하고, 매번 그 다음 세트에서는 조금씩 더 휴식합니다. 내 전략은 테스트 시작 2분쯤 지나서 총 횟수의 적어도 60%를 달성하는 겁니다. 만약 3:30~3:45에 총 80회를 기록한다면 100회를 넘을 수 있는데 이것을 현재 내 컨디셔닝 수준의 기준선으로 고려합니다. 보다 더 진보한 훈련에서는 2:00 기준으로 더 많이 반복하고 그 시간대 이후로는 느낌과 집중력으로 판단해서 시도할 겁니다. 다음 번 테스트에서는 첫 두 세트를 32/32와 12/12로 반복하고(2:00에 총 88회) 나머지의 각 세트에서 5~10회를 지속하고 싶습니다."

시행착오를 거치다 보면 자신만의 페이스를 찾게 될 것이다. 실행과 휴식의 완벽한 리듬을 찾지 못해 걱정에 빠지지 마라. 완벽한 리듬은 거의 존재하기 어렵고 심지어 최상의 리듬이 있다 해도 매번 적중할 순 없다. RKC, 캐서린 이메스(Catherine Imes)는 동일한 5분 동안 24kg 케틀벨로 94회를 반복한다. 남성 대부분이 부러워할 능력이다. 하지만 그녀는 만족하지 않는다. "20/20, 12/12, 10/10, 5/5…… 어쩌면 첫 세트에서 몇 회 더 쥐어짜 낼 수도 있었습니다. 하지만 난 전력을 다했죠. 아마 첫 세트를 1분 정도에 마친 것 같아요. 10/10과 5/5세트 사이에 너무 많이 쉬었습니다. 만약 그렇지 않았다면 100회를 넘겼을걸요. 다음에는 100회를 넘기겠습니다."

FBI이자 RKC 자레드 자비크(Jared Savik)는 무려 275회를 반복한다. 비결은 간단하다. "10~20회씩 세트들을 빠르게 한 다음 필요할 때마다 휴식한다."

당신의 정신이 손보다 강하다면

"케틀벨을 접한 사람이라면 누구나 스내치가 손을 찢어 놓을 수 있다는 것을 안다. 찢어진 손이 최적의 훈련을 했음을 의미하지 않는다"고 케틀벨 스포츠 내셔널 챔피언 자레드 자비크는 설명한다.

"그립 훈련을 좀 더 할 수 있는 해결책을 발견했지만 그래도 여전히 (손 때문에) 최대 반복범위의 80~90%이다. 해결책은 바로 손가락이 없는 천 장갑이다. 이 작고 멋진 녀석은 케틀벨 핸들이 회전할 수 있게 하고, 손바닥 굳은살이 찢어지지 않게 해주며, 더욱 확실하고 안전하게 스내치를 할 수 있도록 손가락이 핸들을 잡을 수 있게 도와준다. 또한 손목을 어느 정도 감싸 주는 기능도 조금 있다. 악력이 더욱 일하게 만들고 싶은데 오븐장갑이나 비누를 싫어한다면, 손가락이 있는 군용털장갑(GI surplus green wool glove liners)을 써보라. 이것도 효과가 탁월하면서 저렴한 도구다."

"시중에서 파는 많은 천 장갑은 미끄럼 방지 고무가 점점이 붙어 있다. 상관없다. 이런 장갑은 대개 오른쪽/왼쪽 구분이 없다. 나는 문제가 있는 손에 이 장갑을 끼기 때문에 고무 부분은 뒷면으로 돌린다."

세트 사이 휴식할 때 무릎에 손을 대고 앞으로 구부린 채 있지 마라! 뉴질랜드의 피지컬 테라피스트 로빈 멕켄지(Robin McKenzie)는 등을 펴는 것을 강조하고 등을 구부리는 것을 경고함으로써 수없이 많은 사람들의 허리를 구제했다. 멕켄지는 "격렬한 운동 후에 우리는 '웅크린 채' 무너지고 구부정하게 수그린다. 그러나 격렬한 운동 중에는 척추의 관절들이 여러 방향으로 빠르게 움직인다. 이 과정에서 관절 주변 연조직이 모든 방향으로 완전히 신장되게 된다. 게다가 척추 디스크 사이 윤활젤이 느슨해진다. 그러니 운동 중에 개입된 관절이 잘못된 위치에 놓이게 되면 운동 후에 관절 변위나 전위가 발생하기 쉽다"고 설명한다.

맥켄지는 달아오른 상태에서 느슨해진 등이 구부정해지면 얼마나 위험한지 예를 들어 설명한다. 한 장거리 달리기 선수가 경기 중에는 통증이 없었지만 높은 고도에서 격렬하게 달림으로써 매우 피로해졌기 때문에 경기 직후에 손을 무릎에 대고 2분 동안 몸을 앞으로 숙이고 있었다. 이러는 동안, 그는 갑자기 허리의 중앙에서 통증이 밀려왔다. 통증은 그가 다시 정상적인 직립 자세를 취했을 때도 사라지지 않았다. 이 선수는 한 걸음 한 걸음 걸을 때마다 찌르는 듯한 통증을 느꼈다. 자연스럽게 그는 달리기가 통증을 유발했다고 추정하게 됐다. 시니어 RKC 롭 로렌스가 앞에서 얘기했듯이 "그건 그 선수 잘못이다."

풀 운동을 실시한 이후 몸을 구부리는 대신 후굴자세를 몇 회 실시하라. 손가락이 아래를 향하게 양손을 허리에 놓고 다리는 곧게 유지한다. 마치 손을 지렛대처럼 이용해 천천히 후굴하고, 1초간 멈추었다가 다시 직립으로 돌아온다. 성공적으로 반복하면서 매번 좀 더 크게 가슴을 열어젖힌다. 새도 복싱(shadow boxing)이나 패스트 앤 루우즈(Fast & Loose)* 이완 운동들을 스윙이나 스내치 세트 사이 짧은 휴식 동안 하는 것도 좋다. 서성대지는 마라!

등이 비틀린다면

카이로프랙틱 병원 대기실에 앉아 있는 동안 이 책 1장의 안전수칙과 2장의 스윙 설명을 복습하라. 바로 내일 훈련을 시작해도 될 만큼 치료가 됐다면, 다음 몇 주 동안만 교대로 저강도 훈련일과 중강도 훈련일만 실시한다(예를 들면 월요일—저강도, 수요일—중강도, 토요일—저강도, 월요일—중강도 등). 전력을 다해도 아무 이상 없겠다는 확신이 들 때까지 그렇게 하라. 그리고 폼을 더 정확히 확인하라. 동지.

이제 주사위에 대해 얘기해 보자. 2분과 12분 사이의 '결투'를 무작위로 고른다? 러시아의 주기화(periodization) 과학은 특정 운동을 변화 없이 한동안 지속하고 훈련량, 강도, 볼륨은 워크아웃마다 다양하게 바꿔서 해야 한다고 가르쳐 준다. 효과적인 훈련은 '같지만 다르다'. 운동들은 동일하지만 강도와 볼륨은 항상 다르게 한다. "훈련량(workload)은 마치 파도처럼 높아졌다 낮아졌다 혹은 차분한 유리잔 같았다가 폭풍 같은 식으로 변화를 주라"고 러시아의 군사학교에서 케틀벨 리프팅 코치를 맡고 있는 올레그 첼리체프(Oleg Chelischev)가 강조한다. 주사위는 한 쌍의 1이 의미하는 '조용한 유리잔'에서부터 한 쌍의 6이 의미하는 '폭풍'에 이르는 수준을 결정할 것이다.

2에서 12분은 큰 차이가 없는 것처럼 보인다.—실제로 해보기 전까지만 그렇다. 유명한 타바타(Tabata) 컨디셔닝 프로토콜(고강도 20초와 휴식 10초를 8차례 반복하는 방식)은 4분만으로도 길다는 것을 유념하라. '겨우' 4분이면 길다. 뭐랄까, 한 번 해본 동지들이라면 절대 '겨우'라고 말하지 않는다.

이제 충분히 쉬었다! 자비크가 "275회"라고 외쳤듯이, RKC가 외친다.
"이겨 내!"

* 파벨이 제안하는 이완 운동들.

고강도 인터벌 – 심장 건강을 위한 새로운 처방전

여배우 제인 폰다(Jane Fonda)가 내게 전화했다. 운동을 다시 하고 싶다고 이야기했다.

예전에는 여성스러운 길고 낮은 강도의 카디오 워크아웃이 포함됐다. 렉 워머와 머리에 두르는 곱창밴드와 함께. 하지만 파워-펌프 심장과 훌륭한 체성분을 위한 새로운 처방전은 짧고도 강도 높은 인터벌 트레이닝(interval training)이다.

"심장을 더욱 강하게 만든다는 믿음 때문에, 많은 사람들이 더 길게 운동할 수 있는 사람이 되도록 운동시간을 늘린다"고 심장병 전문의이자 《닥터스 하트 큐어 Doctor's Heart Cure》의 저자이자 심장병 전문의 알 시어스(Al Sears) 박사가 설명한다. "심장은 이미 궁극의 지구력을 가지고 있어서 항상 뛰어야 하며, 심지어 수면 중에도 뛴다. 더 오래 운동하는 대신, 심장이 단시간 동안 혈류를 더욱 빠르고 강하게 펌핑하는 방법을 배우게 해보라."

"체력 수준이 향상됨에 따라 훈련 시간을 감소시킬 필요가 있다"고 시어스 박사는 말한다. "다시 말해서 동일한 거리를 점점 더 짧은 시간 안에 수행하는 것이다." 발달이 충분히 느껴지고 그 발달이 점진적이었다면 그 후로는 10분 동안 지속되는 인터벌 훈련을 하라고 조언한다. 30~60초의 전력질주(spurt) 5회를 수행한 후에 활동적인 휴식 1~2분을 갖는다. 훈련은 처음에는 1~10을 기준으로 할 때 5단계 수준으로 시작하고 마지막에는 9단계 이상으로 마친다.

유의할 것은 훈련을 5단계 수준에서 시작한다는 점이다! 시어스 박사는 우리처럼, 인생에서는 웜업이란 사치를 누릴 여유가 거의 없음을 잘 안다. "상태가 좋지 않을 때는 호흡과 심박 수를 준비시키는 데 오래 걸린다. 그러나 신체적 상태가 향상되면서 몸은 운동을 더욱 수월하게 할 수 있도록 대비한다. 그러므로 운동속도를 더욱 빠르게 증가시킴으로써 몸이 대비하는 능력이 더욱 빨라지도록 개선하라."

"훈련 단계가 올라갈 때마다 페이스를 올려 몸의 반응속도를 높인다. 처음에는 전력을 다해 훈련하지 말고, 시간이 지나면서 몸이 운동 부하에 더욱 빠르게 반응하도록 훈련한다. 몸은 당신의 요구에 반응함으로써, 실전이 요구하는 빠른 반응에 적응될 것이다."

"왜 이렇게 해야 하는가? 왜냐하면 이것이 가장 자연 상태에 가까운 운동 형태이기 때문이다. 야생 동물은 먹이를 잡아먹는 쪽이든 잡아먹히는 쪽이든 한순간에 심박을 100%로 끌어올릴 수 있어야 한다. 인간은 현대로 올수록 이런 가속능력을 잃어 가고 있다. 이런 시각에서 더 깊이 보자면 이런 훈련 방식은 심장발작을 일으키는 급작스러운 심폐적 요구(cardiac demand)*로 인한 재앙을 대비하고 피할 수 있는 가장 좋은 방법이다."

* 급작스럽게 폭발적으로 달리는 등 강한 심폐능력이 요구되는 순간.

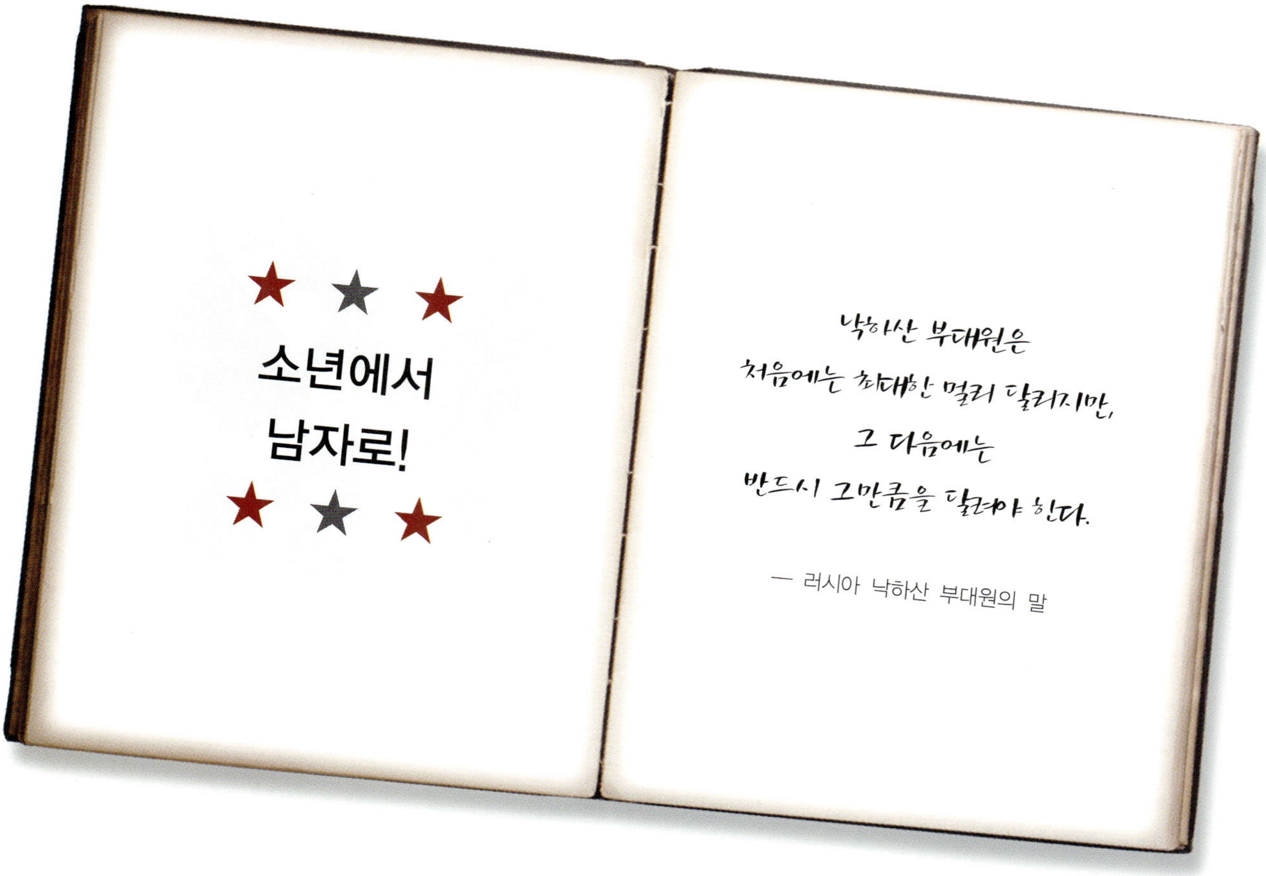

한 달이나 두 달에 한 번씩 컨디션이 좋은 토요일 날, RKC가 되기 위한 통과의례 항목으로 직접 테스트를 해보라.

C & P

원하는 만큼 몇 회의 스윙과 겟업을 해서 몸을 풀어라. 먼저 프레스를 테스트한다. 사다리 오르기 같은 고반복으로 테스트하지 마라. 더 가벼운 케틀벨로 6회 이상을 반복하는 것은 강력한 근력 향상에는 별로다. 케틀벨 사이즈를 다음 단계로 올려서 무거운 중량으로 테스트한다. 그 무게의 케틀벨을 프레스해 본 적이 있다면 C&P 반복기록을 측정한다. 5회 이하에서 가장 많은 횟수로 C&P를 해보라.

'케틀벨 사다리 오르기' 식으로 싱글(1회)을 몇 차례 해보는 걸로 시작하라.* 5분간 휴식하고 프레스를 테스트한다. 연속으로 한 번, 두 번, 세 번, 네 번, 혹은 다섯 번까지 실시할 것이다. 케틀벨을 바닥에 내려놓지 말고 반대쪽 팔로 넘겨서 테스트한다. 여기서 한 팔당 5회 반복이 가능하다면 이제 주간 사다리 훈련에서 그 무게의 케틀벨을 사용할 때가 됐다.

새로운 중량 테스트에서 실패하거나 오늘은 성공할 수 없다고 판단된다면 다음으로 보류하라. 반대로 오늘은 분명히 성공한다는 느낌이 강하다면 자심감이 더 생기도록 로디드 클린을 2~3회 실시하고 5분간 쉬었다가 테스트에 도전하라.

* 각 손을 번갈아서 한다.

케틀벨 클린 앤드 프레스 규칙

★ 케틀벨을 한 손으로 클린하라. 케틀벨을 랙 자세로 멈춘다. 클린에 의해 생성된 추진력을 프레스에 쓰지 못할 만큼만 아무 동작도 하지 않고 멈춘다. 주먹이 턱 아래로 와야 한다.

★ 무릎을 펴고 등과 옆구리가 기울거나 굽혀짐을 최소한으로 해서 프레스하라. 이것은 C&P가 웨이트 리프팅 대회와 케틀벨 리프팅 대회에서 제외되는 이유다. (공정한 심사가 어렵다) 당신은 지금 무감독 시험을 치르는 중이다.

★ 동작하지 않는 손은 몸에서 떨어뜨려 두거나 골반 위에 올려놓아야 한다. 클린을 보조하려고 대퇴부나 무릎을 밀어내면 안 된다.

★ 팔꿈치를 완전히 락아웃하고 동작 없이 멈춘다.

★ 케틀벨을 가슴에 내린 다음 다리 사이로 내린다. 케틀벨을 천천히 내릴 필요는 없다. 팔의 저항을 거의 받지 않고 툭 떨어뜨리게 될 것이고, 무릎도 구부리게 될 것이다.

★ 여분의 스윙을 하지 말고 케틀벨을 지면에 닿지 않게 하면서 클린을 재실시하고 계속한다.

★ 한쪽 팔로 반복을 끝내면, 케틀벨이 다리 사이에 있을 때 케틀벨을 내려놓지 않고 손을 바꾼다.

★ 초크 사용만 허용된다. 리프팅 벨트, 손목 아대, 장갑, 스트랩, 혹은 다른 보조 기구는 사용할 수 없다.

이전에 무겁게 여겼던 케틀벨을 제대로 프레스했다면 자신을 좀 대견하게 여겨라. 5분 뒤에는 고중량에서 고강도로 넘어간다. USSS 스내치 테스트다.

스내치

감각을 사용하라. 만약 완벽한 자세로 10분 동안 할 준비가 안 됐다면 다른 시간표를 선택하라. 5분 혹은 3분을 선택하라. 그리고 16kg 케틀벨로 스윙과 스내치를 하고 있었다면 16kg으로 테스트하라. 24kg은 아니다.

주방용 타이머를 누르고 몸에서 나약함이 떨어져 나가는 것을 관찰하라. 모든 반복은 반드시 완벽해야 한다! 자세가 엉성해지기 시작하면 바로 중단하라! 안 그랬다간 큰일난다.

한 팔 스내치 USSS 케틀벨 스내치 규칙

★ 복장

선수들은 외모를 단정히 하고 긴 바지를 입는다. 티셔츠는 안으로 넣어 입고 밀리터리 또는 SWAT 부츠 혹은 하이킹 부츠를 신는다(맨발이 좋다). 옷은 깨끗하고 다림질되었으며 부츠도 깨끗해야 한다. 드레스코드는 엄격하게 지켜야 한다.

바지 벨트를 착용한다면, 엉덩이 위로 낮게 매야 하고 벨트가 척추의 안정성을 보조해선 안 된다. 리프팅 벨트, 손목 아대, 장갑, 스트랩, 그밖의 다른 보조 기구는 허용하지 않는다.

★ 초크 사용

선수들은 그립을 좋게 하기 위해 리프터용 초크를 사용할 수 있다. 다른 선수가 사용하고 난 후에 필요하다면 또는 다음 선수가 요구한다면 용액으로 도구를 깨끗이 닦을 수 있다.

★ 한 팔 스내치

선수는 케틀벨을 집어 들고, 다리 사이로 스윙하여, 끊김 없이 단번에 머리 위로 팔을 곧게 펴 락아웃되는 지점까지 올린다. 상위지점에서 케틀벨을 고정시킨 후에 한 번의 부드러운 동작으로 케틀벨을 내린다. 내릴 때 팔꿈치를 구부려도 되지만 케틀벨은 가슴이나 어깨에서 멈추면 안 된다.

오버헤드 락 아웃에서 무릎 딥(무릎을 굽혔다 폄)은 해도 되고 안 해도 된다. 반대편 손을 엉덩이에 올려놓아도 된다(허벅지에 놓지 마라). 발을 움직여도 된다. 그렇지만 탑 포지션에서 케틀벨을 고정할 때는 모든 움직임을 멈춰야만 한다.

(다음 페이지에 계속)

한 팔 스내치 USSS 케틀벨 스내치 규칙

★ 한 팔 스내치 (앞 페이지에 이어서)

각 시도에서 심판은 반복 수 또는 '노 카운트'를 고지할 것이다. 선수가 팔꿈치나 무릎을 락아웃하는 데 실패하거나 케틀벨을 끝까지 밀어내지 못하거나, 자유로운 손으로 무릎이나 연단(platform)을 건드릴 경우 '노 카운트'로 기록된다.

선수는 자신이 원하는 만큼 언제든지 손을 바꿀 수 있다.

손을 바꾸거나 스내치를 하기 전에 다리 사이로 스윙을 여러 번 해도 된다.

선수는 원하는 만큼 몇 번이고 연단에 케틀벨을 내려놓을 수 있다.

시도 2분 전에 연단에 오르도록 호명된다. 10초 카운트다운이 주어지며(10, 9, 8, 7, 6, 5, 4, 3, 2, 1) "시작"하는 호령 이후부터 잰다.

선수는 10분간 테스트를 허용한다. 심판은 매분마다 고지한다. 9분이 지난 후에는 30초, 50초, 그리고 마지막 10초에는 5초마다 고지한다.

선수는 스내치나 다른 리프팅 시도 중에 이야기하는 행위가 금지된다.

선수가 기권하거나 강제 종료를 당할 수 있는 규칙 위반의 경우 심판은 "중지"를 호령하고 적절하게 수행된 반복 수를 고지한다.

★ 특수 규칙과 패널티

선수가 세트 수행 도중에 욕을 하거나 스포츠맨답지 않은 행동을 한다면 해당 세트에 대한 패널티가 주어진다. 즉 5회 반복 수가 차감된다. 경기 중 규칙 위반이 반복되면 심판의 권한으로 선수는 실격처리 된다.

다음은 테스트 날을 위한 세 가지 예제들이다

기르빅 A가 16kg 케틀벨로 프레스와 스윙을 하고 있다. 그의 어깨는 아직 10분 내내 수행할 만큼 안정적이지 않다. 그의 테스트 날은 다음처럼 구성될 수 있다.

스윙 16kg × 10 한 팔당
겟업 16kg × 1, 1, 1 한 팔당
C&P 16kg × 1, 1, 1 한 팔당
로디드 클린 24kg × 3 한 팔당
C&P 16kg × 1왼쪽, 2오른쪽(개인 기록 "PRs")
USSS 스내치 16kg × 122/ 5분(PR)

기르빅 B는 24kg로 훈련하고 있는데, 32kg 프레스를 1회 했었다. 어깨 유연성, 안정성, 지구력 모두 좋다.

C&P 24kg × 1, 2, 2 한 팔당
로디드 클린 32kg × 2 한 팔당
C&P 32kg × 1 왼쪽, 3 오른쪽(PR)
USSS 스내치 24kg × 150(PR)

기르빅 C는 C&P를 32kg로 이미 5회를 했고 이것으로 사다리 훈련을 해오고 있다. 40kg 프레스를 위해 훈련하고 있지만 아직 성공한다는 확신이 없다. 그래서 이 테스트 날에는 프레스에 무리하지 않을 것이다. 스내치는 190회 했는데 200회를 원한다.

USSS 스내치 24kg × 203(PR)

여기 진짜 사나이가 있다! 기르빅 C는 40kg 프레스를 위해 계속 노력할 것이고 USSS 스내치에서 225회라는 새로운 목표를 설정할 것이다.—이 반복 수는 이 사람을 특수 요원들의 대열에 올려놓을 것이다.

RKC가 되기 위한 통과의례 훈련 계획 요약

★ 월요일 저강도 훈련

1. 저강도 C&P 혹은 MP : 5개 사다리를 토요일보다 2단 낮게.
2. 저강도 스내치 : 주사위 한 쌍을 굴려 라운드 길이를 결정하고, 그 시간 내에 전력으로 할 수 있는 정도의 50~60% 수준으로 수행하라. 만약 자세가 흐트러진다면 하이풀로 바꾸라.

★ 화요일 다양한 훈련(선택 사항)

무엇이든 원하는 것으로 선택하고 적당히 하라.

★ 수요일 보통 강도

1. 보통 강도 C&P : 5개 사다리를 토요일보다 1단 낮게.
2. 보통 강도 스윙 : 주사위 한 쌍을 굴려 라운드 길이를 정하고, 그 시간 내에 전력으로 할 수 있는 정도의 70~80% 수준으로 수행하라.

★ 목요일 다양한 훈련(선택 사항)

1. 어떤 것이든 한두 가지 혹은 아래 옵션의 세 가지를 다 해도 된다.
2. 사다리 훈련 때 쓰는 케틀벨보다 더 무거운 케틀벨로 로디드 클린 5×5와 겟업 5×1을 번갈아 하라. 세트 사이에 몇 분간 휴식하라.
3. 시간제 세트 훈련 때 쓰는 케틀벨보다 더 무거운 케틀벨로 5~10회 스윙을 2~3세트하라. 그리고 / 또는 1~10회 스내치를 2~3세트 하라.
4. 무엇이든 원하는 것으로 선택하고 적당히 하라.

★ 금요일 휴식

★ 토요일 고강도

1. 고강도 C&P : 5개 사다리를 한계지점까지.
   - 5~8회 프레스할 수 있는 케틀벨로 시작하라.
   - 사다리(1, 2, 3회)를 반복하라. 3회를 성공 못 한다면 그것으로 끝내라.
   - 5×(1, 2, 3회)를 깔끔하게 해낼 수 있게 되면 5개 사다리는 그대로 유지하면서 4회로 올린다.
   - 5×(1, 2, 3, 4회)를 깔끔하게 해낼 수 있게 되면 5개 사다리는 그대로 유지하면서 5회로 올린다.
   - 5×(1, 2, 3, 4, 5회)를 깔끔하게 해낼 수 있게 되면 더 무거운 케틀벨을 사용하라.
   - 각 세트와 사다리 사이에 여유를 두라. 성급하게 돌진하지 마라.

2. 고강도 스윙 : 주사위 한 쌍을 굴려 라운드 길이를 결정하고, 할당된 시간 내에 할 수 있는 한 최대한으로 반복하라.

3. 4~8주마다 정규 토요일 워크아웃을 프레스와 스내치 테스트로 대체하라.

★ 일요일 휴식

시간제 세트를 제외하고, 명시된 모든 세트 수와 횟수는 한쪽 팔에 해당되는 것이다.

이 루틴을 체중의 절반 중량의 한 팔 프레스와 24kg 스내치 200회를 할 수 있을 때까지 계속 실시한다. 그러면 사내 중의 사내가 될 것이다. 한 사람의 기질은 감정의 강도보다 지속기간에 의해서 정의된다는 말이 있다. 오늘 아무리 치열하게 스내치 훈련을 하더라도 한 달을 중단하면 아무 의미가 없다. 이 기간 동안 다른 훈련으로 바꾸는 것도 금지된다.

곧게 한길을 가라. 돌아보거나 기웃거리지 말고. 프리드리히 니체(Freidrich Nietzsche)의 말이 강한 기르빅을 만들 것이다. "성공의 공식은 목표를 향해 곧게 가는 것이다."

CHAPTER V

FAQ:

왜 케틀벨이 최고인가?

RKC

CHAPTER 5:

FAQ: 왜 케틀벨이 최고인가?

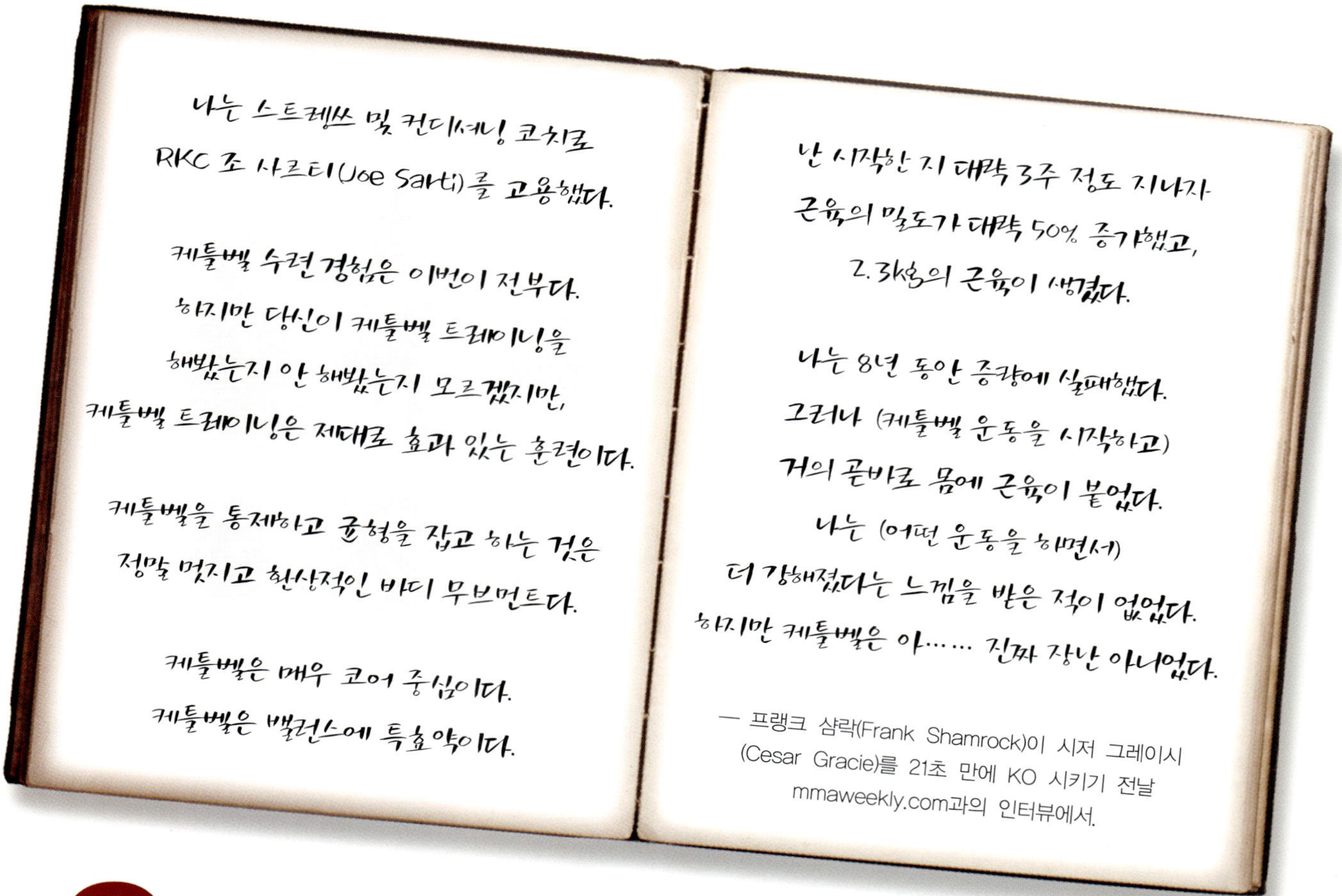

Q. 케틀벨 훈련은 일시적인 유행인가?

'기르(girya)'는 러시아 사전에 1704년 처음 등장했다(Cherkikh, 1994). 그렇다. 유행이다. 내 예상에 앞으로 300년은 계속될 것 같다.

Q. 케틀벨은 다른 웨이트나 피트니스 기구에 비해 어떤 점이 탁월한가?

일부 케틀벨 운동과 그 효과는 정말로 독특하고, 나머지는 대체로 다른 도구로도 따라할 수 있다. 그러나 그 어떤 도구도 케틀벨이 주는 원 스탑 숍*의 편리성을 따라올 수 없다.

* one stop shop. 케틀벨 하나로 여러 운동 효과를 다 얻는 편리성을 비유한다.

다른 어떤 도구도 이처럼 작고, 망가지지 않고, 어디서나 사용할 수 있고, 주당 한두 시간 정도의 훈련에 이 만큼 원초적인 파워와 탄력, 선수급 체력을 얻게 해주지 못한다.

시니어 RKC 롭 로렌스(Rob Lawrence)가 말하길 "케틀벨을 하면 할수록 다른 모든 종류의 트레이닝 방식을 버릴 생각을 하게 된다" "케틀벨 운동은 *모든 것*을 동시에 훈련하게 한다. 스트렝쓰, 스피드, 지구력…… 게다가 나를 정말 놀라게 한 것은 한 팔 스내치를 해서 햄스트링 유연성이 좋아지는 것이다. 모든 훈련은 교환이라는(어떤 것을 선택하면 다른 어떤 것은 포기해야 하는) 공리가 있지만, 이 지혜를 위협하는 것이 하나 있으니, 그것이 바로 케틀벨이다."

비유하면 어떤 총이든 온실에서는 잘 나가겠지만, 물이나 진흙 속에 떨어지거나 시베리아 같은 기온에서는 대부분 고철이 된다. 신뢰성과 효과 측면에서 케틀벨은 웨이트 리프팅계의 AK-47*이라 할 수 있다.

Q. 케틀벨로만 훈련해도 되나요? 아니면 바벨이나 덤벨과 병용해야 할까요?

러시안 케틀벨로 훈련하는 방법은 두 가지가 있다. 하나는 다양한 도구를 사용하는 복잡한 프로그램의 도구들 중 하나로 적용하는 것이다. 이것은 교육, 경험, 그리고 몸을 갖추고 있는 선수와 코치들에게 적절하다. 웨이크 포레스트(Wake Forest) 대학의 RKC 에단 리브(Ethan Reeve)가 개발하고 도입한 근력 프로그램은 이런 접근방법으로 매우 좋은 사례다.

'챔피언 중의 챔피언'인 이반 포두브니(Ivan Poddubny)

특수 요원, 격투가, 그리고 다른 미니멀리스트(최소한의 조건으로 최대한의 효과를 얻고자 하는 사람)들은 케틀벨을 단독도구로 사용하는 것을 선호한다. 케틀벨은 덤벨로 할 수 있는 모든 것이 가능하며 대개 더 탁월하다. 예를 들면 밀리터리 프레스의 가동범위가 더 탁월하다. 하위지점에서는 어깨를 제약하지 않고 상위지점에서는 어깨를 최대치로 신장시킨다. 스페츠나츠 스타일로 케틀벨을 발에 걸면 무게 딥이나 무게 풀업을 할 때 벨트가 필요없다. 필라델피아 케틀벨 클럽에서 지향하는 신조는 "현대 문명은 한시적일 수 있다(망할 수 있다). 이에 대비해 우리는 케틀벨로 훈련한다. 자신의 손으로 옮길 수 없는 것은 믿지 마라"는 것이다.

* Avtomat Kalashnikova-47. 1947년 구소련의 주력 돌격소총으로 채택된 자동소총. 단순함과 높은 신뢰성으로 20세기에 가장 많이 생산된 돌격소총. 구조가 단순해 분해와 조립, 사용이 쉽다. 추위와 더위에 강하고 사막처럼 먼지가 많은 곳에서도 고장이 거의 없다.

Q. 케틀벨 훈련을 《파워 투 더 피플!》과 《더 네이키드 워리어》와 어떻게 결합할 수 있을까요?

내 책 《더 러시안 케틀벨 챌린지》는 2주 사이클을 교대로 할 것을 권고했다. 그 후 나는 RKC 스티브 바카리(Steve Baccari)와 같은 스트렝쓰 코치들은 이 접근방법으로 매우 성공적인 결과를 얻었지만 덜 숙련된 수련자들은 문제를 겪는다는 사실을 알게 됐다. 그래서 다음과 같이 새로운 두 가지 방법을 소개한다.

옵션 #1

마티 갤러거가 말해 준 것이다.—완벽한 스트렝쓰의 1년이란 2번의 12주짜리 파워리프팅 대회 사이클(13주째 경기를 치른다.)과 다양한 운동들을 그저 연습하는 정도인 2번의 12주짜리 비시즌기로 이루어진 1년이다.

스포츠맨이자, 러시아에서 인기 있는 파워리프팅 기반 피트니스 시스템의 입안자 알렉세이 팔리브(Alexey Faleev)는 4~5개월의 스트렝쓰 훈련과 4~5개월의 역동적인 체력 훈련을 번갈아서 했다.

- **RKC가 되기 위한 통과의례 프로그램을 12주 동안 실시한 다음, PTP*와/혹은 〈비욘드 바디빌딩〉을 12주 동안 실시하고 그 후로는 계속 교대로 실시한다.**

RKC가 되기 위한 통과의례 프로그램과 PTP의 사이클 아니면 둘 중 하나의 사이클 안에서 GTG 한 다리 스쿼트(pistol)를 실시한다.**

- **PTP 사이클에서만 GTG 한 팔 푸샵을 실시한다. 그렇게 한다면 사이드 프레스와 플로어 프레스를 건너뛴다.**

PTP 단계에서는 체력향상을 위해 줄넘기를 하거나 인터벌 스프린트(interval sprint)를 한다.

USSS 스내치 테스트의 기록 보유자가 제안하는 인터벌 스프린트 훈련은 다음과 같다. "일주일에 한 번은 1분 훈련, 1분 휴식 방법을 이용한다. 트레드밀 위를 가볍게 달리다가 속도를 8.0mph까지 높이고 경사를 12로 설정한다. 트레드밀 옆 가로대로 점프해 시계판 숫자가 0:59가 될 때까지 기다렸다가 다시 트레드밀 위로 뛰어올라 정확히 1분 동안 달린다. 시계가 1:59를 가리키면 내려와서 호흡을 가다듬으며 실내를 걷는다. 약 30초 후에 트레드밀에 다시 올라가서 시계가 2:59를 가리킬 때까지 트레드밀 옆 가로대에서 대기했다가 트레드밀을 달린다. 이 과정을 8회 반복한다. 모두 마치는 데 약 17분 정도 걸린다. 그렇게 하고 나면 지칠 정도가 된다. 다리는 후들거리고 거의 토할 것 같다. 하지만 믿거나 말거나 스내치하기가 점점 수월해진다. 10분 동안 250~280회를 하려면 탁월한 심폐기능이 필요하다고 생각한다. 그래서 케틀벨 훈련을 보완하기 위해 과감한 심폐운동을 한다. 간단히 말하면 일주일에 1번씩 총 8분 달리는데 그것으로 도움이 됐다."

스윙과 스내치가 없는 훈련 사이클을 하고 있다면 이것을 적어도 주 3회 이상 해야 할 것이다.

* 파벨의 책 《Power To the People!》의 프로그램.
** 파벨의 책 《The Naked Warrior》의 프로그램.

옵션 #2

- 다양한 훈련을 하는 날에 PTP 데드리프트를 실시하라(화요일과 목요일). '베어(Bear)'가 아니라 스트레이트 PTP를 실시하라. 사이드 프레스와 플로어 프레스를 건너뛴다.
- GTG 한 다리 스쿼트를 실시하라. 한 팔 푸샵(OAP)은 건너뛴다.

Q. 〈블릿 프루프 앱스(Bullet-Proof Abs)〉* 운동을 나의 케틀벨 훈련에 포함하려면 어떻게 해야 할까요?

3-5 × 3-5를 위한 복사근 강화 드릴을 첫 번째 다양한 훈련일인 화요일에 실시한다.

3-5 × 3-5를 위한 복부 집중 훈련은 두 번째 다양한 훈련일인 목요일에 실시한다.

데드리프트를 한다면 이 모든 건 데드리프트 이후에 실시한다.

Q. 허리에 문제가 있는데 케틀벨 훈련을 할 수 있을까요?

오케이, 담당 의사가 괜찮다고 한다면.

클레멘스 불(Clemence Bul),
라트비아의 프로레슬러이자 기르빅

* 파벨의 저서.

RKC 케틀벨 훈련이 허리에 유익한 (지루하기 짝이 없는) 다섯 가지 이유

1. 케틀벨 운동은 둔근을 강화한다.

체코의 고(故) 블라디미르 잔다(Vladimir Janda) 박사는 허리 기능장애가 있는 사람들에게 '엉덩이 기억상실증(gluteal amnesia)' 이 자주 발견됨을 알아냈다. 이것이 정확한 근육동원 패턴연습을 통해 극복되지 않으면 강력한 둔근 대신 허리가 무게를 드는 일을 떠맡게 된다. 결국 더 큰 허리 부상을 낳는다. 케틀벨 훈련은 이 엉덩이 기억상실증을 극복시켜 준다.

2. 케틀벨 운동은 엉덩이 굴근(hip flexor)을 신전시킨다.

잔다의 연구에 따르면 약한 둔근은 타이트한 고관절굴근에 기인한다. RKC 시스템은 고관절굴근의 유연성을 늘리는 데 가장 탁월하다.

3. 케틀벨은 허리 신전근(back extensor)의 지구력을 발달시킨다.

세계 최고의 척추 생체역학자인 스튜어트 맥길(Stuart McGill) 교수는 놀랍게도 허리의 근력보다는 근지구력이 허리 부상 가능성을 크게 감소시킨다는 결론을 내렸다(Luoto 외, 1995). 단언컨대 고반복 케틀벨 스윙 혹은 스내치보다 허리 신전근의 지구력을 더 많이 향상시키는 운동은 없다.

4. 척추 안정성에는 '복부 압축시키기'* 가 '복부 빨아들이기' 보다 낫다.

잘못 해석된 연구 결과 때문에 등을 보호하려면 "배꼽을 척추 쪽으로 집어넣어라"는 권고사항이 널리 알려져 있다. 맥길 교수는 복근의 벽을 '버팀대로 세우는 것(bracing)' 이 더 우수한 테크닉임을 입증했다. 이에 관해 더 자세한 내용은 웹사이트 backfitpro.com에서 이 교수의 혁신적인 저서 《Ultimate Back Fitness and Performance》의 사본을 구해서 보길 바란다. 케틀벨 훈련의 RKC 시스템은 복부 압축 기술을 향상시키는 많은 혁신적인 테크닉을 가르친다.

5. 상당량의 탄도성 부하(ballistic loading)는 관절염 발생률을 감소시킨다.

케틀벨 스윙이나 다른 퀵 리프팅의 반복적인 탄도성 부하는 관절에 매우 유익하다. 단 과용하지는 않아야 한다. 유리 베르코샨스키(Yuri Verkhoshansky)와 멜 시프(Mel Siff) 박사는 "격렬한 충격을 감당한 관절은 고령에서 골관절염 위험이 비교적 낮다. 반대로 부하 경험이 훨씬 적은 관절은 골관절염과 연골연축 발생률이 훨씬 높다…… 발 위로 발목부터 무릎으로, 엉덩이로, 마지막으로 요추까지 진행이 되듯이 어느 연령대에서든 연축(당기고 줄어듦)의 정도가 증가한다. 낮은 부하를 받은 연한 연골에 비해, 접촉응력(contact stress)이 비교적 높은 충격 하중에 계속해서 노출된 관절 연골이 역학적으로 훨씬 더 강건하고 달리기와 점프의 부하를 견뎌 내는 데 더 잘 적응한다. 따라서 반복적인 부하를 계속해서 받는 관절 연골은 건강한 상태를 유지하고 충격하중에 잘 적응하고, 이따금씩 강한 부하를 받는 연골은 약해지고 콜라겐망이 응집력을 잃고 연골 상태가 악화된다"고 설명한다.

* bracing. 펀치에 대비해서 복근을 수축해 부풀리라는 뜻.

Q. 권장하는 식이요법으로는 어떤 것이 있나요?

개인적으로 오리 호프메클러의 〈디 워리어 다이어트(DragonDoor.com에서 구입 가능)〉를 거의 2년 동안* 따르고 있고 매우 만족한다. 명심할 것은 이것은 개인적인 선택이지 전문적인 권고사항이 아님을 명심하라. 난 영양 전문가가 아니다.

그리고 고양이 가필드(Garfield)가 말했듯이, "칼로리는 쓰는 거지 세는 게 아니다"를 기억하라.

Q. 케틀벨이 특정 스포츠를 위한 근력을 향상시키는 데 도움이 될까요?

경험상으로 볼 때 RKC가 되기 위한 통과의례 프로그램과 같이, 종합 체력 훈련을 위해 전문적으로 개발된 프로그램은 실제 스포츠에서 수행능력을 길러 준다. 이 종합체력 훈련 방법은 아마추어들이 시도하곤 하는 '개별 스포츠 맞춤(sport-specific)' 훈련방법에 비해 훨씬 탁월하다. 왜냐하면 종목 맞춤 훈련은 신체적으로 전반적인 준비가 되어 있지 않으면 효과가 없기 때문이다. 그리고 특정 스포츠용 근력(sport-specific strength) 프로그램은 아마추어용으로 고안된 것이 아니다.

기르빅들 사이에서는 '깜짝이야 효과(the What-The-Hell effect)'라는 표현을 쓴다. WTH 효과는 이제까지 연습하지 않았던 것들을 갑자기 잘하기 시작하는 걸 말한다. 우리 학생들과 독자들은 오로지 케틀벨 리프팅 훈련만으로 더 무겁게 파워리프팅을 하고, 더 강하게 치고, 더 빠르게 달리며, 더 힘차게 못을 구부린다. 그들이 바벨과 못과 러닝화를 보는 것은 테스트 시간뿐이다! 파워리프터 도니 톰슨(Donnie Thompson)은 바벨 데드리프트를 중단하고 케틀벨 훈련을 시작했는데, 데드리프트가 1년도 안 돼 347kg에서 377kg으로 늘었다. RKC 스티브 냅스틴(Steve Knapstein)은 달리기 연습을 하지 않았지만 마라톤을 달릴 수 있었다. 난 이 '종목 맞춤'을 하지 않은 훈련이 어떻게 이런 결과들을 낳았는지 설명할 길이 없다. 그러나 우리 RKC 형제들은 설명을 기다리지 않는다. 그것이 효과가 있다면 그냥 그걸 한다. 'WTH 효과'란 이름이 그걸 설명하기에 가장 적당하다면 그냥 그렇게 부르면 된다.

물론 러시안 케틀벨의 WTH 효과가 놀랍긴 하지만, 바벨 데드리프트든 악력기든 특정 운동에 더 뛰어나고 싶다면 케틀벨 훈련 외에 그 훈련을 따로 연습해야 한다. 무술로 예를 들자면, 샌드백 훈련 없이 당신의 근력이 펀치에서 제대로 드러나기는 어렵다.

그러므로 바벨 데드리프트든 격투든 달리기든 다른 무엇이든 자신이 원하는 스포츠의 기술을 계속 연마하면서 RKC가 되기 위한 통과의례 프로그램을 계속 수행해야 한다. 일단 국가적 수준의 대회에서 경쟁하게 되면 특정 스포츠용 근력 훈련—혹은 러시아에서 일컫는 '특수 근력' 훈련—을 하는 것이 정당화된다. 단, 전문 코치의 감독 하에서 해야 한다.

정말 중요한 점이다.—특정 스포츠용 훈련 프로그램의 디자인은 전문 코치들의 영역이다. RKC 에단 리브는 웨이크 포레스트 대학에서 자신이 사용하는 정교한 근력/체력(S&C)시스템에 RKC 운동과 원칙을 결합했다. 내가 그 방법을 굳이 설명해 줄 필요도 없었다. RKC 마이크 버그너(Mike Burgener)도 마찬가지

* 파벨은 지금도 이 식이요법을 따르고 있다고 한다.

다. 그는 웨이트 리프터들의 훈련에 케틀벨을 결합하는 정교한 방법론을 발전시켰다. 단 존은 아예 스스로 던지기 시합에서 수십 년째 개인 기록을 내고 있다. 우수한 선수가 되고 나면 이들처럼 좋은 코치가 필요하다. 위대한 선수가 되는 데 관심이 있다면 말이다.

국내 및 국제적 수준의 대회에 참가하는 게 목표가 아니고 좋은 코치도 없다면 그냥 일반화된 RKC 훈련을 계속 하라. 부디 홈메이드(직접 만든) '맞춤제작 특정 스포츠용 워크아웃'과 섞을 생각은 하지 마라!

미국에선 최근 주문 제작이 유행이다. 사람들은 개인 맞춤형 상품이 더 우수하다고 믿게 됐다. 물론 프로가 만들면 그럴 것이다. 그러므로 나 같으면 아마추어가 만든 맞춤형 상품보다 전문적으로 만든 대량생산 제품을 택하겠다. 공장에서 제조한 할리(Harley) 오토바이를 택하겠는가, 아니면 당신 아들이 잔디 깎기 기계 부품으로 만든 주문 제작 오토바이를 택하겠는가?

Q. 운동에 대한 설명을 왜 그렇게 복잡하게 하나요? 케틀벨은 로켓 사이언스가 아니잖아요!

파워리프팅 코치인 루이 시몬스(Louie Simmons)는 최상급 선수들이 반무의식적으로 하는 것을 내가 분해하여 역설계(reverse-engineer)했다고 말한 적이 있다. RKC는 이미 충분히 강력한 훈련자들에게 최상급 선수들처럼 움직이는 법을 가르친다.

프로처럼 펀치를 날리는 법을 가르치려면 "주먹을 어깨로부터 나쁜 놈의 얼굴로 보내라"고 말하는 것보다 더 많은 설명이 필요하다. 케틀벨을 프로처럼 스윙하도록 가르치려면 "케틀벨을 들고 흔들라"고 말하는 것보다 더 많은 설명이 필요하다. 이것과 다른 말을 하는 사람은 거짓말을 하고 있거나 자신이 무슨 말을 하고 있는지 모르는 사람이다.

스트렝쓰의 기본을 정제할 인내심이 없다면, 스피닝 클래스(spinning class)나 듣는 게 어떻겠나?

이반 자이킨
(Ivan Zayikin)

Q. … 대신 다른 ~을 해도 될까요?

"안 된다." 만약 당신이 이게 얼마인지 물어봐야 하는 사람이라면, 이미 당신은 이것을 살 수 있는 사람이 아니다.* 일단 케틀벨에 대한 경험이 충분히 있다면, 언제 워킹 스윙 같은 걸로 기본 스윙을 대체할지와 같은 세부사항을 이해하는 데 어려움이 없을 것이다. 윈드밀을 추가할 수도 있고 다른 무엇이든 가능하다. 시스템이란 그것의 정의에 의하면, 그 자체로 완성체다. 그리고 케틀벨은 하나의 시스템이다. 받아들이든지 아니면 그냥 떠나라. 그러나 케틀벨 훈련에서 '검은띠'를 따기 전까지는 까불지 마라.

"당신이 말한 거 대신 이렇게 해도 될까요?" 토니 블라우어(Tony Blauer)는 근접 격투술(close quarter combat) 과정에서 이런 유형의 질문을 받을 때면 몹시 격분한다. "네가 원하는 대로 무엇이든 해도 된다. 단, 네 부대로 돌아가서 그렇게 해라. 지금은 내 시스템에 따라 연습해야 한다."

* 금융회사 제이피모건의 J.P. 모건이 했던 말. 럭셔리 숍이나 고급 자동차 숍에서 자주 쓰이는 말.

Q. RKC가 되기 위한 통과의례 프로그램을 수행하고 나면, 그 다음에는 무엇을 해야 하나요?

해병대에 지원하라. 이제 당신은 남자다.

웹사이트 RussianKettlebell.com에서 내 저서 《더 러시안 케틀벨 챌린지 *The Russian Kettlebell Challenge*》와 《프롬 러시아 위드 터프 러브 *From Russia with Tough Love*》 그리고 나와 다른 RKC 지도자들의 수많은 DVD들과 매우 다양한 케틀벨 훈련 정보를 접할 수 있다.

무료자료만 해도 위클리 RKC 블로그, 내 뉴스레터, 수십 종의 기사와 토론자료 등 많이 있다. 만약 다음 단계에 무엇을 해야 할지 확신하지 못 하겠다면 웹사이트 RussianKettlebell.com의 포럼 메뉴를 활용하라.

그리고 두려움이 없는 사람이라면 3일 과정의 RKC 케틀벨 지도자 과정에 등록해 보라.* 이것은 실패율이 20~30%에 이르는 매우 혹독한 과정이다. 내 자랑을 하려는 것이 아니라 이 웹사이트를 방문해서 도움을 받으라고 말하고 싶다. 웹사이트 Dragondoor.com**에서 사람들이 뭐라고 말하는지 한번 읽어 보라.

Q. 러시아식 훈련이 그렇게 터프하다면 왜 소련이 냉전에서 졌을까요?

내가 이 원고를 마무리하고 있던 당시에 BBC에서 "러시아에서 청설모 떼가 개를 죽이고 달아났다"는 뉴스를 보도했다. 한 공원에서 주인 없는 개가 청설모들을 향해 짖기 시작했는데, 청설모들은 몸집이 훨씬 더 큰 포식자에게 공격당한 것이 아니라, 1분도 안 돼 '말 그대로 개를 공격해 잡아먹은 것'이다.

RKC 필 워크만(Phil Workman)이 이 사건의 기사 링크를 내게 보내 주었는데, 그는 놀라서 이렇게 말했다. "세상에, 러시아에서는 청설모조차 난폭하군요. (이렇게 무시무시한데) 도대체 공산주의가 어떻게 무너졌는지 좀 다시 설명해 줘요."

기사를 계속 읽어 보라. 현지의 한 남성은 숲에 청설모 먹이인 솔방울이 부족했던 점을 지적했다. "그 작은 짐승들은 먹을 것이 없었기 때문에 그렇게 거칠어진 것이다."

이것이 바로 두 가지 질문, 즉 왜 냉전 체제에서 구소련이 붕괴되었는지, 그리고 그렇게 강건한 선수들을 어떻게 배출해 내었는지에 대한 대답이 되겠다.

* RKC 케틀벨 지도자 과정은 2011년 11월 아시아 최초로 서울에서 열릴 예정이다.

** Dragon door의 한국 디스트리뷰터 사이트는 www.schoolofmovement.org

CHAPTER VI

케틀벨 제작

48
kg

CHAPTER 6:

케틀벨 제작: “철, 차가운 철이 모든 남자의 주인이다*”

검은 모래가 부서지고 뜨거운 케틀벨이 드러난다. 마치 영화 터미네이터의 한 장면처럼, 세상의 종말이 온 듯한 장면을 상상해 보라. 그 속에서, 케틀벨은 빨갛게 타오른다. 연기, 재, 귀가 터질 듯한 소리에 둘러싸인 채로. 이 대혼란 속에서 당신은 무심코 해골을 찾으려고 두리번거릴지도 모른다.

케틀벨 제작공정은 원시적이다. 몇 세기 동안 바뀌지 않은, 여전히 기술보다는 근육에 의존하는 남성적인 공정이다. 공정은 케틀벨처럼 생긴 금속 ‘패턴’(케틀벨 모양이 음각으로 깎여 있는 틀)을 만드는 것으로 시작된다. 금속 패턴을 만드는 것은 2주나 걸리는, 복잡하고 노동집약적인 과정이다.

* 루디야드 키플링(1865~1936)의 〈Cold Iron〉이라는 시의 한 구절

케틀벨은 각각의 거푸집(mold)에서 주조된다. 먼저 '플라스크(flask)' 라고 불리는 금속 상자가 패턴을 받기 위해 수직으로 열린다. 그 다음 특별히 만들어진 모래로 패턴의 속이 채워진다. 기계가 패턴을 덮고 있는 모래를 밀어내면 패턴은 (모래로 가득찬) 케틀벨처럼 생긴 구멍을 남기고 제거된다.—철강 노동자들은 이 구멍을 흔히 (남겨진) '인상' 이라고 부른다.—이 과정은 상자의 다른 반쪽에서 반복된다. 그러고는 두 거푸집(mold)이 샌드위치처럼 하나로 겹쳐진다. 이제 케틀벨 모양의 공간 속에 있는 압축된 모래는 쇳물을 받을 준비가 되었다.

거대한 괴물 같은 자석이 고철더미를 들어 올려 용광로에 떨어뜨린다. 용광로는 매우 뜨거워서 화씨 2600~2800도(섭씨 1427~1538도)다. 쇠를 녹여 케틀벨을 만들기에 충분히 뜨겁다.

일단 녹으면, 쇠를 항아리처럼 생긴 '도가니'에 붓는다. 주물사는 이 큰 도가니속의 펄펄 끓는 철을 좀 더 작은 도가니에 붓는다. 금속 노동자들이 쇳물이라 부르는 욕조에 특별한 합금과 접착제가 더해진다.

강한 사내들이, 특별한 '껍데기'와 함께 거푸집이 모여 있는 곳으로 도가니를 끌어당긴다. 그는 각각의 거푸집에 쇳물을 채운다. 쇳물은 '입구'라고 불리는 모래 안의 구멍을 통해 거푸집과 실린더 모양의 상승관(riser) 속으로 부어진다. 상승관은 케틀벨 위에 앉아 있는 형태로 붙어 있다. 그것은 공기나 넘치는 쇳물이 빠져나와 저장되는 장소다. 쇳물이 거기로 올라오기 때문에 상승관이라고 이름이 붙었다.

거푸집이 막 만들어졌을 땐 상승관이 붙어 있고 거기에 주입구가 달려 있는 이상한 덩어리 같은 모양새이다. 만약 상승관이 없었다면 두 가지가 잘못될 것이다. 첫째로 빈 공간에 공기가 들어가서 빠르게 쇳물이 들어가는 것을 막을 방법이 없다. 당신은 케틀벨 안에 거품이 생기길 바라는가? 나는 그렇지 않다. 상승관이 너저분한 비누 방울 같은 가스를 뽑아낼 것이다. 불필요한 공기가 상승관의 꼭대기에 열려 있는 곳으로 빠져나간다. 그럼 왜 액체 금속은 빠져나가지 않을까? 왜냐하면 상승관이 거푸집보다 더 위에 있기 때문이다. 동지여, 금속이 그 높이까지 올라가기엔 충분하지 않다.

상승관이 막아 주는 두 번째 문제는 금속의 수축이다. 철은 차가워지면 수축한다. 당신은 가벼워진 케틀벨을 원하지 않을 것이다. 그렇지 않나? 당신이 아주 유약하더라도 그것을 원하진 않을 것이다. 중력이 튀어나온 쇳물을 상승관에서 거푸집으로 다시 내려보낸다(이제 당신은 상승관이 거푸집보다 높이 있어야 하는 다른 전략적 이유를 알게 된 것이다). 이 과정(뜨거운 쇳물을 받아서 금세 수축시키는 과정)은 매우 빠르게 일어난다. 쇠는 순식간에 굳는다. 주철 케틀벨은 몇 분 안에 모양을 갖출 것이다. 케틀벨 공정의 최종 결과물은 '주물(casting)'이라 불린다. 주물들은 거푸집에서 떨어져 나오는 과정인 '털기'를 하기 전에 약간 식혀진다. 거푸집은 진동 컨베이어 위로 떨어진다. 검은 모래가 떨어져 나가며 시뻘겋게 달아오른 무시무시한 케틀벨이 정체를 드러낸다.

컨베이어가 상승관이 여전히 붙어 있는 형태의 케틀벨들을, 한 세기 동안 같은 방법으로 공정해 온 남자에게 옮겨다 준다. 그럼 그는 주물 한 덩어리를 딱 쥐고는 순식간에 완전 옛날 방식 해머질로 상승관을 뜯어낸다.

보다시피 이런 주조작업은 진짜 남자들만이 할 수 있는 일이다.

가공되지 않은 케틀벨에는 그냥 두면 피부를 찢거나 상처 나게 할—거친 돌기나 날카로운 모서리 같은—부스러기가 있다.

하지만 우리가 상처를 입으면 훈련시간만 축 내는 불필요한 과정일 뿐이다.

휠러브레이터* 단계로 들어간다.

이 강력한 기계는 마지막 그라인딩 전 단계로, 케틀벨을 굴리고 모래를 분사해 표면의 거칠거칠한 부분들은 갈아 낸다.

* 원심력에 의해 날개바퀴로부터 금속의 구상(球狀) 미립자를 분사시켜, 주물(鑄物) 표면을 강하게 하는 기계.

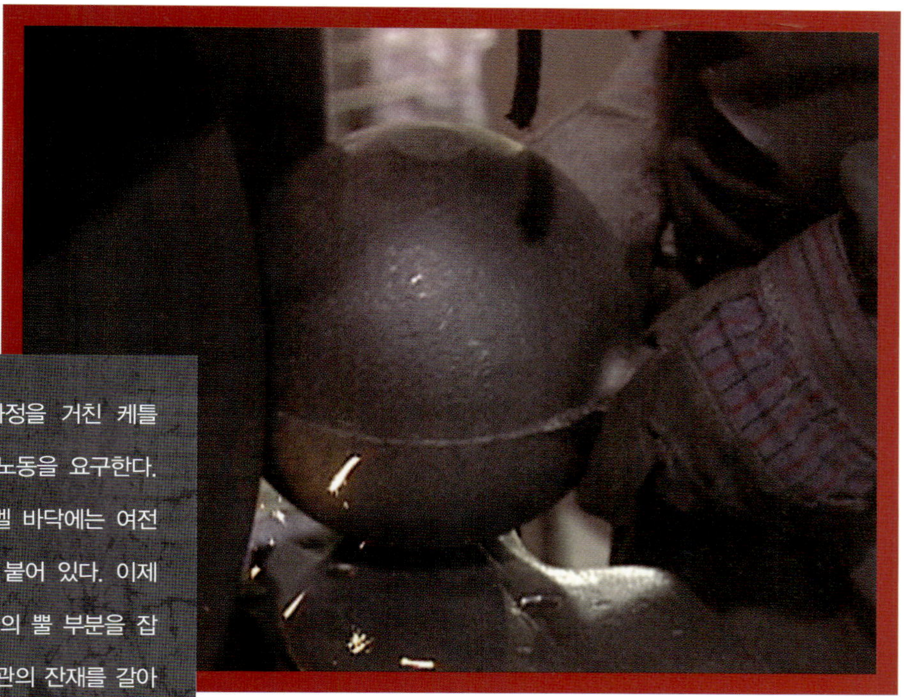

휠러브레이터 과정을 거친 케틀벨은 이제 더 힘든 과정의 노동을 요구한다. 해머 공정을 거쳤어도 케틀벨 바닥에는 여전히 조금씩 상승관 덩어리가 붙어 있다. 이제 건장한 철강노동자가 케틀벨의 뿔 부분을 잡고 바닥을 점검해 남은 상승관의 잔재를 갈아낼 시간이다. 필요하다면 케틀벨 이음매 부분의 날카롭게 솟은 부스러기도 갈아 낸다.
이제 끝났다.
케틀벨을 시작하자! (Enter the kettlebell!)

쇠는 원시의 것이다. 동시에 훌륭한 검, 스미스 앤 웨슨(Smith & Wesson*), AK-47, 그리고 케틀벨의 주원료다. 전사였던 당신의 선조가 그랬듯이 피가 끓어오르고, 감각은 날카로워질 것이다. 남자는 그것을 어쩔 수 없다. 루디야드 키플링**(Rudyard Kipling)의 말이 맞다. "철, 차가운 철이 모든 남자의 주인이다."

* 미국의 가장 큰 권총 제조사.
** 1907년에 노벨문학상을 받은 인도에서 태어난 영국인 시인이자 단편소설가. 유명한 《정글북》의 저자.

저자 파벨에 대해

운동의 장인(匠人), 파벨 차졸린(Pavel Tsatsouline).

전직 소비에트 특수 부대 체력 교관이었던 그는 서구에 러시안 케틀벨 혁명을 발발시킨 '케틀벨의 현대판 왕'이라 불리는 남자다.

1998년 파벨은 그의 체제전복적인 기사 〈보드카, 피클 쥬스, 케틀벨 리프팅 그리고 다른 러시아의 오락거리들〉을 통해서 멋모르는 미국인들에게 이 고대 러시안 툴을 소개했다. 이 기사는 철을 구부리거나 바위를 들어 올리는 거친 사내들을 위한 잡지 〈밀로(MILO)〉에 기재됐다. 그 후 파벨은 코가 주저앉고 귀가 말리고 흉터가 있거나, 적어도 폭주족 문신이 있는 남자들에게서 편지를 받기 시작했다. 그리고 그의 출판인은 이 사실에 주목하기 시작했다.

2001년 드래곤 도어는 파벨의 혁신적인 베스트셀러, 《더 러시안 케틀벨 챌린지》를 출판했다. 그리고 첫 미국산 러시안 스타일의 주철 케틀벨을 생산했다. 그 후 곧바로 아메리카 땅에서 생겨난 첫 번째 케틀벨 지도자 과정인 RKC™이 시작됐다.

마침내 파벨은 그의 주먹 안에 케틀벨을 말아 쥐고서 롤링 스톤이 선정한 '올해의 핫한 트레이너'로 선발되기에 이르렀다. 이 케틀벨 침공은 탄력을 받아 파벨을 〈**프라우다**(Pravda)〉에서 〈**폭스 뉴스**(Fox News)〉* 에까지 등장하게 만들었다.

애초에 그 무시무시함으로 유명세를 떨쳤던 케틀벨 때문인지 파벨의 초기 학생들은 연방 정부의 증인보호 프로그램에서 나온 사람들 같았다. 하지만 오늘날 이 힘들게 살아남은 동지들은 어쩔 수 없이 헐리우드 무비 스타들이나 그들처럼 전혀 케틀벨러 같아 보이지 않는 사람들과 케틀벨을 공유해야만 했다.

왜냐하면 사람을 나약하게 만드는 주류 피트니스의 조언에 질린 똑똑한 이들이 하드코어를 찾아 떠나왔기 때문이다. 2004년, 스트렝쓰 세계에서 가장 존경받는 명사들 중 한 명인, **랜달 스트로즌 박사**(Dr. Randall Strossen)는 이렇게 말한 바 있다.

"우리가 보기엔, 파벨 차졸린은 영원히 현대 케틀벨의 왕으로 군림할 것 같다. 왜냐하면 케틀벨 개종자들로 가득 찬 이 나라에, 그것(케틀벨)을 대중화시킨 사람이 바로 파벨이기 때문이다."

파벨은 아메리카 운동의 지표를 바꾼, 중대한 스트렝쓰 고전들 **《파워 투 더 피플 *Power to the People!*》**, **《비욘드 바디빌딩 *Beyond Bodybuilding*》**과 **《더 네이키드 워리어 *The Naked Warrior*》**를 포함한 다른 베스트셀러의 저자이기도 하다.

RussianKettlebells.com**의 드래곤 도어 포럼을 방문하면 더 발전된 케틀벨 지식과 기초 스킬을 파벨에게 직접 피드백 받을 수 있다.

* 〈프라우다〉는 1912년 5월 5일에 상트페테르부르크에서 러시아 혁명세력의 기관지로 창간된 대표적인 혁명신문이며, 〈폭스 뉴스〉는 미국의 24시간 뉴스 전문 방송으로 미국의 보수세력을 결집시키고 있는 대표적인 우익 방송이다. 즉, 러시아의 케틀벨을 미국에 완벽히 전파시켰다는 비유다.

** 이 주소는 현재, www.dragondoor.com으로 연동돼 있으며, Forums 메뉴로 들어가면 누구나 활동 가능한 Kettlebells, strength & conditioning / Nutrition / RKC 지도자만 활동 가능한 Private RKC-Only Forum으로 세분화돼 있다.

RKC II INSTRUCTOR　RKC INSTRUCTOR　CERTIFIED INDIAN CLUB SPECIALIST (CICS)　RYT 500 Registered Yoga Teacher

스쿨 오브 무브먼트
www.schoolofmovement.org

인체 하드웨어의 오리지날 디자인 그대로 움직일 것(move as your original design), 인체 소프트웨어의 핵심원리 즉 긴장과 이완(tension & relaxation)을 수련하는 스쿨이다. 스쿨 오브 무브먼트는 패스트푸드와 같은 패스트 피트니스의 재난 속에서도 슬로우 피트니스를 지향하는 인체역학의 학교이며 수련의 학교이며 긴장과 이완의 학교다. RKC 인스트럭터들이 평일 일반수업과 개인수업, 주말 특별수업, 워크샵 등을 진행한다.

베어풋 케틀벨
www.barefootkettlebell.com

스쿨오브무브먼트의 온라인 쇼핑몰. "케틀벨의 아이폰" RKC 밀리터리 그레이드 케틀벨의 공식 한국 판매지점. 4.55kg~48kg까지 다양한 무게의 RKC 케틀벨 판매. RKC 인디언클럽, RKC 티셔츠, 케틀벨 서적, 발가락 신발 비브람파이브핑거스 판매.

케틀벨 트레이닝의 "블랙벨트",
최고의 운동지도자 자격증 코스

파벨의 RKC 케틀벨 지도자 과정이 서울에서 열립니다.
Russian Kettlebell Challenge instructor certification workshop

일시: 2012년 10월 26일~28일　www.schoolofmovement.org　www.dragondoor.com

48
kg